우리 선생님은
마법사

우리 선생님은 **마법사**

발행일	2022년 2월 11일

지은이	김복영, 김희주, 박치홍, 심혜정, 이미자, 조동희, 조신이		
펴낸이	손형국		
펴낸곳	(주)북랩		
편집인	선일영	편집	정두철, 배진용, 김현아, 박준, 장하영
디자인	이현수, 김민하, 허지혜, 안유경, 신혜림	제작	박기성, 황동현, 구성우, 권태련
마케팅	김회란, 박진관		
출판등록	2004. 12. 1(제2012-000051호)		
주소	서울특별시 금천구 가산디지털 1로 168, 우림라이온스밸리 B동 B113~114호, C동 B101호		
홈페이지	www.book.co.kr		
전화번호	(02)2026-5777	팩스	(02)2026-5747

ISBN	979-11-6836-160-7 03690 (종이책)		979-11-6836-161-4 05690 (전자책)

(주)북랩 성공출판의 파트너

북랩 홈페이지와 패밀리 사이트에서 다양한 출판 솔루션을 만나 보세요!

홈페이지 book.co.kr • **블로그** blog.naver.com/essaybook • **출판문의** book@book.co.kr

작가 연락처 문의 ▸ ask.book.co.kr

작가 연락처는 개인정보이므로 북랩에서 알려드릴 수 없습니다.

가장 효과 좋은 **교육마술edu-magic 44가지**

우리 선생님은
마법사

김복영·김희주·박치홍·심혜정·이미자·조동희·조신이 공저

7명의 현직 마술 지도사들이 직접 영상으로 알려 주는
교육 현장에서 가장 인기 있는 마술들의 비밀!

북랩 **book** Lab

책머리에

이 책은 다양한 교육 현장에서 아동과 청소년을 대상으로 활동하는 선생님들을 위해 만들어진 책이다. 우리나라에서 마술이 대중화된 후, 일선 교육 현장에서 마술을 활용하는 선생님들이 매우 많다.

'교육education + 마술magic', 그리하여 '교육마술edu-magic'이라는 말도 생겨났다. 교육청이나 학교에서 실시하는 다양한 교사 연수에서도 교양 과목처럼 마술교육이 단골로 등장했다. 또한 일선 초등학교에서는 '방과후학교'프로그램을 통해 수많은 아이들이 마술을 통해 자신감과 성취감을 얻기도 하며, 어떤 아이들은 교우 관계 증진에 많은 도움을 받기도 하는 등 순기능이 많다.

여러 대학과 대학원에서 마술과 교육 관련 논문들이 꾸준히 나오고 있어, 교육 현장에서의 마술은 지속적인 성장을 할 것으로 보인다.

아이들이 왁자지껄 소란스러울 때 이목을 한 방에 집중시키기 위해서, 혹은 수업을 지루해할 때 주의 환기 차원에서, 마술은 호기심 왕성한 그들에게 참 좋은 소재라고 할 수 있다.

보다 적극적으로 마술을 활용하시는 선생님들도 많다. 재미없는 과학의 원리를 마술을 통해 재미있게 풀어 주는 선생님. 마술 도구를 이용해 동화 구연을 재미있게 하는 선생님. 마음의 문을 닫아 소통이 어려운 아이들과 상담을 시작할 때, 자연스러운 대화의 물꼬를 트기 위해 아이들의 마음속 생각을 읽는 마술을 보여 주는 선생님 등등, 활용 방법 또한 매우 다양하다.

"애들아, 선생님이 재미있는 마술을 하나 보여 줄까? 선생님을 잘 봐야 해."

그 말이 떨어지자마자 아이들은 어느새 하던 행동을 멈추고 호기심 가득한 눈으로 선생님을 초집중해서 바라본다. 과연 어떤 마술이 나올지, 혹시 속임수는 없는지 온갖 상상을 해 가며 선생님의 일거수일투족을 주의 깊게 살펴볼 것이다.

마술이 진행되는 동안, 보여 주는 나도, 보는 아이들도 한 치의 양보가 없다. 실수를 하는 순간 아이들은 더 이상 아이들이 아니다. 성난 군중과 같이, 마치 벌 떼처럼 일어나 반격을 가할 것이다.

"선생님! 그거 어떻게 하는지 다 보았어요!"

생각만 해도 아찔하다.

하지만. 멋지게 성공한다면, 녀석들은 조금은 더 나를 특별하고 재미있는 사람으로 봐 줄지도 모른다. 사실은 어른들보다 아이들을 대상으로 마술을 성공시키는 것이 더 어렵다. 마술을 보았던 아이들이 수업을 마치고 나에게 다가와 "선생님, 아까 보여 주신 마술 정말 신기했어요."라고 엄지손가락을 치켜들어 주는 순간이 내겐 가장 행복한 순간이다. 아이들에게 사랑받고, 인기 있는 선생님이 되는 것이 나의 오랜 꿈이었다. 그래서 나는 아이들에게 마술을 보여 주는 것을 좋아한다.

마술은 작은 호기심에서 출발해서 무한한 상상력을 갖게 해 주는 특별한 매력이 있다. 과거와는 달리 현대의 마술은 단순한 속임수가 아닌, 놀라운 과학적인 원리를 이용해서 만들어지는 것이 많다. 일정한 온도에서만 색깔이 바뀌는 장미 마술, 숨겨진 스위치를 눌렀을 때에만 자력이 생기는 전자석을 이용한 공중 부양 마술, 단 한 방울의 액체로도 유리잔 안의 투명한 물이 온갖 색깔로 바뀌는 마술 등등 일일이 셀 수 없을 정도로 많다.

현직에서 활동하고 있는 마술사인 내 입에서조차 새로 나온 마술 앞에서 "정말 신기하다."라는 말이 절로 나올 정도로, 기발한 아이디어가 숨어 있는 마술들이 매년 쏟아져 나온다. 여기에 마술사의 피나는 노력과 열정이 더해졌을 때, 마술은 비로소 빛을 발하게 된다. 이제는 단지 '속임수', '사기'라는 단어로 치부하기에는 마술이 너무나 눈부신 발전을 했다.

이 책에는 현직에서 왕성하게 활동하고 있는 일곱 명의 마술 강사들이 풀어놓은 노하우가 가득 담겨 있다. 이 책에서 소개하는 마술들은 모두 그들이 현장에서 실제로 자주 사용하는 마술, 효과적인 마술, 검증된 마술이다.

만약 이 책을 보는 여러분이 일선 교육 현장에 있는 교사라면, 이 한 권의 책을 통해 아이들에게서 "마법사" 혹은 "마술사"라는 별명을 얻기에 충분한 마술을, 가장 효과적인 방법으로 배우게 될 것이다.

영화 속 마법 학교 호그와트가 아닌, 이 책 속의 마법 학교로 떠나보자. 여행이 끝날 때쯤이면, 여러분은 이미 훌륭한 마술 선생님으로 변신해 있을 것이다. 행운을 빈다.

이 책을 통해 마술을 배우는 방법

그동안 시중에서 볼 수 있었던 대부분의 마술 관련 도서는 생활마술, 즉 일상생활 속에서 쉽게 구할 수 있는 소재를 이용한 마술을 다룬 책이다. 삽입되어 있던 그림들이 사진으로 바뀐 정도일 뿐, 70년대에 만들어진 책이나 현대에 만들어진 책이나 사실 내용은 비슷하다.

하지만 과거와는 달리 현대에는 누구나 쉽게 신기한 마술을 할 수 있도록 만들어진 마술 도구들이 너무나 많다. 그런 마술 도구들을 두고, 굳이 이제는 일상에서 찾아보기도 힘든 성냥개비나 옷핀 마술을 배울 필요가 있을까.

그래서 우리는 과감하게, 마술 도구를 이용해서 할 수 있는 마술을 소개하기로 했다. 물론 일부지만, 이 책에도 생활마술이 포함되어 있다. 그러나 그 외에는 대부분 비싸지 않은 도구로 쉽고 재미있게 할 수 있는 마술들로 구성되어 있다.

또한 이 책은 그림이나 사진이 아닌 동영상으로 마술을 배울 수 있다. 책 곳곳에 실려 있는 QR 코드를 스마트폰의 카메라로 찍어 보면, 준비해 둔 페이지로 연결된다. 누구나 쉽게 배울 수 있도록 소개하는 마술의 연출 영상과 해법 영상을 볼 수 있으며, 마술 도구를 가장 합리적인 비용으로 구입할 수 있는 방법 또한 안내하고 있다.

▲ 연출 영상　　　　소개하는 마술의 실제 연출을 볼 수 있는 영상

▲ 해법 영상　　　　소개하는 마술의 해법을 볼 수 있는 영상

▲ 마술 도구 구입　　소개하는 마술 도구를 구매할 수 있는 마술 도구 쇼핑몰

김복영

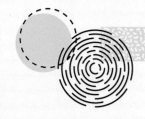

김희주

우리
신나는
마법사

박치홍

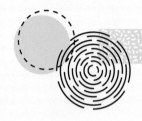

심혜정

이
미
자

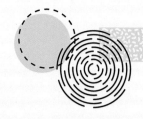

조동희

조신이

우리
선생님은
마법사

김복영

교육마술지도사/마술동화구연지도사

現 극단 소나기 대표

現 동행재가복지센터 센터장

前 한국교육마술아카데미 교육마술 강사

前 안성시/이천시 교육지원청 방과후 강사

KBS2 〈아침이 좋다〉 '별주부전'출연

"안녕하세요! 깜찍 발랄 상큼한 미소 천사, 김복영 마술사입니다!"

걸음마를 하는 세 살 꼬마 아이들 앞에서부터 휠체어에 앉아 계신 어르신들 앞에서까지, 저는 늘 이렇게 자기소개를 하고 있습니다. 어릴 적부터 키가 작고 통통했던 저는 외모 콤플렉스 때문에 무대 공포증이 있었습니다. 하지만 마술을 접하고 난 이후부터 저는 조금씩 변화했고, 지금은 이렇게 남들 앞에서 당당하게 나를 소개하고 멋진 공연을 보여 줄 수 있는 마술사가 되었습니다.

한 통의 광고 메일로 호기심에 접하게 된 마술. 봉사로 시작했던 마술 공연으로 인해 어느덧 아이들을 가르치는 마술 강사가 되었고, 또한 어린이집과 축제장 등 다양한 사람들과 소통하는 마술사가 되었습니다. 그렇게 활동해 온 13년의 시간 동안 마술이 제 몸에 스며들면서 어느새 저는 대중 앞에 서는 것을 두려워하지 않게 되었습니다. 마술과 함께하는 제 삶이 차츰 열정으로 똘똘 뭉쳐지기 시작했습니다.

평범한 아줌마에서 마술사가 되고, 무언가 늘 배움을 갈망하면서, 지금은 비록 작지만 어엿한 이벤트 회사의 CEO가 되기까지. 제 인생을 바꿔 준 소중한 마술에 감사합니다.

마술 강사로 활동한 지 4년 차 즈음해서 둘째 아들이 "엄마, 이번 학예 발표회에서 엄마랑 함께 마술 공연 하면 안 돼요?"라고 하는 말에 깜짝 놀랐던 일이 있습니다. 내성적인 성격을 지닌 아들에게는 마술을 제대로 가르쳐 준 적도 없었는데, 선뜻 친구들 앞에서 공연하겠다는 그 자신감은 어디서 나온 것인지? "수리수리마수리, 얍!"하고 주문을 외우기도 전에, 마술의 신비함보다도 아이의 성격이 달라졌음에 놀랄 수밖에 없었습니다.

초등학교 4학년 아들과 함께 처음으로 섰던 무대는 그 어느 무대보다도 더 긴장되었습니다. 그러나 그 이후 둘째 녀석은 초등학교 졸업할 때까지 학예회에서 저와 함께 모자母子 마술단으로 활동하게 되었고, 3년간 다양한 무대에서 공연을 했습니다. 뿐만 아니라 아들은 중고등학교 시절 학예회에서도 늘 마술 공연을 했습니다. 청소년 마술 동아리 활동을 하면서 마술로 봉사도 하고, 마술이 하나의 취미로 자리 잡으면서 내성적이었던 성격도 많이 바뀐 우리 둘째가 자랑스럽습니다.

마술의 역사가 언제부터 시작되었는지는 정확히 알지 못하지만, 2000년대 초엔 명절이면 늘 텔레비전에서 마술을 볼 수 있었던 기억이 납니다. 그로부터 몇 년 후에는 초등학교의 방과후학교 수업에서 '교육마술'이라는 과목이 생겼고. 덕분에 초등학생들 사이에서 마술사가 되겠다는 친구들도 많이 생기고, 대학교에는 마술학과도 신설되었습니다. 이제는 마술이 대중적으로 변화되고, 쉽게 접할 수 있는 친숙한 문화가 되어 가고 있습니다.

방과후학교 수업에 마술을 배우러 온 친구들에게 왜 마술을 배우냐고 물으면, "신기해서 배우러 왔어요.", "엄마랑 친구들에게 보여 주고 싶어서 배우러 왔어요.", "마술의 비밀이 궁금해서 배우러 왔어요."등등 다양한 대답을 듣게 됩니다. 그리고 마술을 배우는 그 시간만큼은 우리 친구들의 집중력이 대단하다는 걸 느끼게 됩니다. 마술을 본 후 마술의 비밀을 추리하는 시간에는 조금은 엉뚱하고 다양한 대답들을 통해, 아이들의 상상력이 무한하다는 것을 느낄 수 있습니다. 마술을 배우고 나면 어디서 그렇게 자신감이 나오는건지, 80여 분의 시간 동안 아이들에게서 무한한 상상력, 자신감, 발표력을 볼 때면 마술 강사로서 자부심을 느낍니다.

자신의 삶에 조금의 변화를 주고 싶은 분들은 이 책을 펼쳐 보세요.

몇 가지 마술만 배워도 많은 사람들과 소통할 수 있고, 성격도 변화시킬 수 있으며, 주변의 많은 사람들에게 기쁨을 줄 수도 있고요. 또 어쩌면 저처럼 인생이 달라질 수도 있으니까요.

이 책을 읽어 가면서, 당신은 분명 멋진 마법사로 변하게 될 것입니다.

1.
마술 주머니

저 작은 주머니에서 내가 원하는 것이 나온다면 얼마나 좋을까?

색종이를 잘라 넣었더니 예쁜 꽃이 줄줄이 나타나거나, 천 원짜리 지폐를 넣었더니, 와우! 오만 원짜리 지폐로 바뀌고! 아이들이 좋아하는 달콤한 사탕 또는 맛있는 과자나 과일이 나오기도 하고, 빨간색 손수건을 넣었는데 노란색으로 바뀔 수도 있다. 또한 작은 하트 스펀지를 넣고 마술 주문을 외우니 큰 하트 스펀지로 바뀌는 등, 정말 생각만 해도 신나는 마술들이 바로 이 작은 주머니 하나만 있으면 모두 가능하다. 나의 무대 마술 공연에서 항상 빼놓지 않고 사용하는 마술이기도 하다.

여러분에게 공개하는 첫 번째 마술로 가장 아끼는 이 마술을 선택한 이유는, 바로 마술을 가르칠 때 고려해야 하는 첫 번째 기준이 '대상이 누구인가'이기 때문이다. 어떤 마술은 여성들이 하기에 어려울 수도 있고, 또 어떤 마술은 아이들이 하기에 어려울 수도 있다. 하지만 이 마술은 남녀노소 누구나 쉽게 배워서 활용할 수 있기 때문에, 나는 첫 번째로 이 마술을 선택했다.

지금껏 수많은 사람들에게 이 마술을 가르쳤는데, 단 한 명도 이 마술을 어려워하거나 시시해하지 않았다. 혹시 여러분이 손이 작아서 마술을 못 할 거라고 생각한 적이 있었다면. 혹은 손놀림이 빠르지 않아서 힘들 거라고, 또는 관객 앞에 서면 두근거려서 말을 하지 못할 거라고 생각한 적이 있다면. 이 마술은 충분히 괜찮으니 걱정 마시라. 하나의 방법만 배우면 쉽게 이 마술을 할 수 있다.

그동안 나에게 이 마술을 배운 사람들은, 이 작은 마술 도구 하나로 다양한 방법으로 마술을 응용해서 표현할 수 있다며 만족스러워했다. 더러는 강사인 내가 보여 준 방법 이외에도 기발한 아이디어로 재미있는 마술을 보여 주기도 했다. 그만큼 응용의 폭이 넓다.

더군다나 장소에 구애받지 않고 단 몇 초면 뚝딱 하고 준비할 수 있는 마술이며, 어떤 물건을 꺼내느냐에 따라 상대에게 신비감을 줄 수도 있고 감동을 줄 수도 있는 마술이다.

무언가 축하해 줄 일이 있는 기념일에 이벤트용으로 활용하기에도 전혀 손색이 없는 마술이다.

이 작은 마술 주머니에 여러분들의 걱정거리를 적어서 날려 보내는 건 어떨까?

여러분은 이 마술 주머니에서 어떤 것을 만들어 내고 싶은가?

모든 것들이 생각만 하면 이루어진다. 이 마술만 있다면!

배워봅시다

▲ 연출 영상

▲ 해법 영상

▲ 마술 도구 구입

2.
컵 & 볼 마술

　몇 년 전 강원도로 1박 2일 연수를 갔었는데, 다과 자리에서 "마술사님, 마술 하나만 보여 주실 수 있어요?"하는 갑작스러운 요청에 당황한 적이 있다. 딱히 준비해 온 마술 도구도 없는데 갑자기 마술을 보여 달라고 하니. 그래도 명색이 마술사인데 자존심에 못 한다고도 할 수 없는 것 아닌가. 주위를 두리번거리던 중 눈에 들어온 것이 바로 땅콩 안주와 종이컵이었다. 이 마술은 보통 플라스틱 컵을 쌓아 놓고 작은 스펀지 공이 뚫고 지나가며 이동하는 마술인데, 플라스틱 컵과 스펀지 공 대신 종이컵과 땅콩을 이용해서 이 마술을 보여 주었다. 사실 그렇게는 처음 해 본 것인데, 결과는 대성공이었다. 그 이후로는 크고 작은 모임에서, 술자리든 다과 자리든 식사 자리든 컵과 소품들(작은 주사위, 죠리퐁, 작은 콩, 블루베리, 사탕, 휴지 등)만 있으면 내가 먼저 나서서 마술을 보여 주고 박수를 받게 해 주는 효자 마술이 되었다.

이 마술은 가장 오랜 역사를 가진 마술이라고 해도 과언이 아니다. 이집트 벽화에도 이 마술을 하는 그림이 있다고 하니, 정말 오래된, 그야말로 고전 마술이긴 하다. 투명한 유리컵만 아니면 어떤 컵을 사용해도 좋지만, 일반인들이 조금 더 쉽게 이 마술을 할 수 있도록 만들어진 마술 도구를 마술 용품점에서 판매하고 있다.

간혹 이 마술을 보여 주려고 할 때 누군가가 "이거 야바위 아냐?"라는 식으로 딴지를 걸기도 하지만, 정작 이 마술을 보고 나면 누구나 신기해하며 가르쳐 달라고 조른다.

세 개의 컵과 세 개의 작은 공으로 시작해서, 컵과 컵 사이를 옮겨 다니던 공이 마지막에는 네 개로 늘어나게 되는 마술이다. 이 마술을 보여 준 직후에, 대부분의 사람들이 이 마술의 비밀을 추측하며 이구동성으로 하는 말이 있다.

"컵에 구멍이 뚫려 있는 거잖아요."

작은 공들이 컵을 통과해서 안으로 들어간 것을 컵 어딘가에 구멍이 있기 때문이라고 생각하기 쉽다. 그럴 때 나는 모든 컵을 사람들에게 나눠 주고 이상이 없다는 것을 확인시켜 준 뒤 다시 이 마술을 보여 준다. 역시 이번에도, 세 개였던 공은 다시 네 개로 늘어난다.

언제 어디에서나 즉석에서 보여 줄 수 있는 마술이고, 효과 또한 뛰어나니 꼭 마스터해 보기 바란다.

배워봅시다

▲ 연출 영상

▲ 해법 영상

▲ 마술 도구 구입

3.
완드 투 플라워 마술(플라워 완드)

여러분은 세상에서 가장 예쁜 꽃이 무슨 꽃이라고 생각하는가? 장미, 백합, 프리지어 등등 각자 저마다 예쁘다고 생각하는 꽃들이 다를 테지만, 나는 세상에서 가장 아름다운 꽃은 바로 우리가 가지고 있는 '웃음꽃'이라고 생각한다. 우리는 마술을 통해 얼마든지 웃음꽃을 만들어 낼 수 있다.

그래서 이번에는 꽃이 나오는 마술을 소개하려고 한다. 이 마술은 아무것도 없는 화분에서 꽃이 피어나는 마술인데, 처음 이 마술을 보았을 때 나는 그저 지팡이가 꽃으로 바뀌는 단순한 마술로만 보여서 조금은 심심하기도 하고 뭔가 아쉽다는 생각이 들기도 했었다.

그래서 나는 보통 이 마술을 보여 줄 때, "자, 지금부터 웃음꽃을 한번 만들어 볼까요? 두 손을 얼굴 아래로 모아서 절 따라 해 보세요."라고 하며 마술을 시작한다. 그리고 「싹트네」라는 노래를 율동과 함께 부르며 진행을 하는데, 노래를 함께 부르고 율동을 따라 하다 보면, 어느새 빈 화분에 꽃이 피어나 여기저기서 함성과 박수가 쏟아지곤 한다.

아이들이 이 마술을 보는 시각이 어른들과는 사뭇 다르다는 점에 깜짝 놀랐던 적이 있다. 정말 노래와 율동을 열심히 따라 하면 또 꽃이 피어난다고 생각을 하는 건지, 마술이 끝났는데도 한 번 더 노래를 불러 보자고 하는 아이들도 제법 많다. 원래 마술은 한 번만 보여 주는 것이 원칙인데, 이 마술만큼은 어린아이들이 너무 좋아해서, 함께 노래와 율동을 하는 중간에 아무도 모르게 다시 마술을 준비해 두 번 세 번 보여 준 적도 있을 정도다.

이 마술은 간단하지만 과학적 원리가 마술의 비밀로 숨겨져 있으며, 누구나 쉽게 따라 할 수 있는 재미있고 간단한 마술이다. 간단하게는 지팡이로 플라스틱의 작은 화분을 툭툭 치면서 주문만 외우면 꽃이 나타나게 할 수도 있고, 내가 동요나 율동을 하며 진행을 하는 것처럼 여러분들이 다양한 방법으로 응용해서 스토리텔링을 가미할 수도 있다. 특히 아이들이 장기 자랑, 학예회, 재롱 잔치 등에서 연출하기에 적합한 쉬운 마술이어서, 마술을 좋아하는 남녀노소 누구에게나 꾸준히 사랑받고 있는 마술이기도 하다.

이 책을 읽는 여러분도 빈 화분에 예쁜 꽃을 피우는 마술사가 되어 보는 건 어떨까?

배워봅시다

▲ 연출 영상

▲ 해법 영상

▲ 마술 도구 구입

4.
매직북 & 마우스코일 마술

　나는 마술 강사이자 마술사로 활동하고 있다. 어린아이들, 특히 유아들을 대상으로 마술 공연을 갈 때면 늘 가방 속에 챙겨 가는 노란 표지의 그림책 한 권이 있다. 이 책이 이번에 소개할 마술 그림책이다.

　보통 40~50분 정도 공연을 하는데, 공연을 진행하면서 가능한 한 더 많은 아이들과 소통하면서 공연을 하려고 노력한다. 그럼에도 불구하고, 공연이 끝나갈 때쯤 되면 아이들은 "저는 안 했어요.", "저도 하고 싶었어요."하는 말들을 쏟아 내곤 한다.

아쉽지만 준비한 마술 공연이 끝났다고 말하면, 사랑스러운 아이들은 나에게 '선생님 조금만 더 보여 주세요. 하나만 더 보여 주세요.'이런 간절한 눈빛을 마구 날려 준다. 그제야 나는 너스레 웃음을 띠면서, 힘찬 박수와 앙코르를 외치면 마술을 하나 더 보여 주겠다고 아이들에게 말한다. 말이 채 끝나기도 전에 쏟아지는 아이들의 박수와 함성, 앙코르를 듣고 나서야 비로소 꺼내는 마술이 바로 이 마술이다.

언제나 유아 대상 공연이 끝난 후 단골로 등장하는 앙코르 마술인 매직북 마술은, 한 권의 작은 책으로 모든 관객들이 참여하고 소통할 수 있는 대박 아이템이다.

매직북 마술도 종류가 다양하다. 이번 편에서 소개하는 'JL 매직북'(상품명)은, 아무것도 그려져 있지 않은 빈 공책을 보여 준 후, 소통을 통해 아이들이 각자 저마다의 꿈과 희망을 그릴 수 있도록 상상의 나래를 마음껏 펼칠 수 있는 시간을 주기 때문에 가장 좋다고 생각한다. 빗자루 타고 하늘을 나는 마법사부터 운동선수, 화가, 요리사, 귀여운 캐릭터 들의 밑그림을 그린 후 순식간에 색깔을 입히면 여기저기서 함성이 터져 나온다.

여기에 마우스코일이라는 마술 도구를 응용하면 마술의 완성도가 한 단계 더 높아진다. 매직북 마술을 보여 주고 난 뒤. 이제 정말로 모든 공연이 끝났다고 말하며 한 장의 티슈를 꺼내 이마에 흐르는 땀을 닦는다. 그런 뒤 이 그림책을 다른 친구들에게도 보여 주어야 하니 깨끗이 닦겠다고 말하곤 휴지로 쓱쓱 닦아 주면, 그림책은 아무것도 그려져 있지 않은 처음의 비어 있는 공책으로 돌아간다. 그다음 그림책 속의 색깔들이 예쁜 고리로 길게 뽑아져 나오는 마술을 보여 주면 정말 금상첨화다. 이제 이 신기한 마술 그림책의 비밀을 공개한다!

배워봅시다

▲ 연출 영상

▲ 해법 영상

▲ 도구 구입-1

▲도구 구입-2

5.
밀크피처 & 종이 롤 마술

이번에 소개할 마술은, 평소 내가 존경하는 마술사가 가까운 곳에서 생일 파티 공연을 한다는 소식에 어깨너머로라도 뭔가를 배워 볼까 싶어 따라갔다가 보았던 마술이다. 무척이나 인상 깊었고, 그 뒤로 내가 곧잘 사용하는 마술이다. 효과가 좋아 여러분에게도 소개한다.

마술사가 우유 한 잔을 들고 나와서 돌돌 말린 신문지 속에 우유를 붓는다. 마술을 지켜보는 대부분의 아이들은 신문지가 젖고 우유가 바닥에 흘러 내릴지도 모른다는 생각에 걱정을 하는 눈빛이고, 몇몇 의심 많은 아이들은 우유가 가짜이거나, 신문지 안에 특수한 무언가가 있다고 생각하며 날카로운 눈초리로 바라보고 있다. 아마도 저마다 이런저런 많은 추리와 예상을 하며 지켜보고 있을 것이다. 하지만 잠시 후 신문지에 부은 우유가 모두 사라지고 나서는, 이 마술 현상이 너무나 신기해서 의심은커녕 박수 치기에 정신이 없었다.

나도 이 마술을 너무 재미있게 봤었기에 배워서 잘 사용한 것이다. 그 후에는 다른 소품을 접목해서 응용된 마술을 해 보았는데 더욱더 신기한 마술이 되었다. 분명히 종이컵에 우유를 부었는데 그 종이컵이 긴 종이테이프로 변하며 결국 사라지는 마술이다. 시각적 효과도 매우 뛰어나고 정말 마법 같은 마술로 연출이 된다.

우유가 사라지는 현상과, 종이컵이 긴 종이테이프로 변해버리는 두 가지의 마술 현상이 동시에 나타나는 이 마술은, 무대에서 많은 사람들을 대상으로 보여 주기에도 손색이 없는 훌륭한 마술이다. 이 마술을 직접 보고 배우고 나면 왠지 멋진 발명을 해낸 과학자가 된 것 같은 기분이 들 정도로 멋진 마술이다.

▲ 연출 영상

▲ 해법 영상

▲ 도구 구입-1

▲도구 구입-2

6.
생활마술 1―종이컵

　내가 처음으로 마술이라는 것을 가까이에서 직접 보게 된 건 2005년이다. 좋아하는 가수의 쇼케이스에 갔다가 잠깐의 이벤트로 마술을 하는 것을 보았던 것. 가수는 종이컵 두 개와 생수병을 들고 와서는, 종이컵에 물을 붓고 나서 컵 속의 물이 사라지게 했다. 아주 간단한 것이지만, 그 당시의 나는 그 마술이 정말 신기했다.

　이후 한참의 시간이 흐른 뒤에 마술을 배우면서 그 당시 마술에 어떤 비밀이 있었는지 알게 되었다. 이 마술에는 특수한 화학용품이 사용되는데, 이 마술의 단점은 물이 사라진 뒤에 종이컵 속을 관객들에게 보여 줄 수 없다는 것이다. 그럼에도 불구하고 간단하면서도 신기한 마술이어서 나 역시 자주 이 마술을 사용했다.

그런데 마술 강사로 활동한 지 한 3년 차 즈음에 다른 마술사가 자신의 공연에서 이 마술을 보여 준 적이 있다. 그 순간 나는, '유명한 마술사도 저런 간단한 마술을 보여 주는구나. 나도 할 줄 아는 마술이라 살짝 재미가 없는데.'라는 생각을 했다. 하지만 잠시 후 마술사는 "여러분께서는 지금 종이컵 안에 아*****가 있다고 생각하고 계신가요?"라고 말하면서 종이컵을 찢어 버리는 게 아닌가. '어? 이 마술은 종이컵을 찢으면 안 되는데? 그런데 어떻게 그렇게 했지?'라는 생각에, 순간 뒷통수를 얻어맞은 기분이 들 정도로 신기했다.

다시 한참의 시간이 지난 후에야 그 마술의 비밀을 알게 되었다. 그 뒤로 물이 사라지는 마술을 할 때는 특수한 마술 도구를 사용하기도 하고, 일반 종이컵을 가지고 하기도 한다. 이 책의 다른 장에서는 특수한 화학용품을 사용해 컵 속의 물이 사라지게 하는 마술을 배울 수 있는데, 그것과 비교해 보면 이 마술은 언제 어디서나 간단히 할 수 있어서 정말 매력적이다.

이제 종이컵을 이용한 다양한 마술을 소개할 테니 열심히 배워 보자.

배워봅시다

▲ 연출 영상

▲ 해법 영상

7.
생활마술 2—휴지

　화려한 꽃이 나타나고, 눈 깜짝할 사이에 비둘기가 나타나기도 하고, 커다란 도구를 이용해 사람이 사라지거나 나타나는 마술들. 그런 것들은 오랜 시간 연습을 해야 하고, 숙련된 진짜 마술사라고 불리는 사람만이 할 수 있는 마술이다.

　하지만 꼭 그런 전문적인 것이 아니더라도, 얼마든지 우리 주변에서 쉽게 구할 수 있는 소재를 이용해 재미있는 마술을 할 수 있다. 나는

10년 전쯤 마술 강사들 모임 자리에서 다른 마술사가 이 마술을 하는 것을 보고 참 재미있다는 생각을 했다. 휴지 하나로 관객과 재미있는 소통을 하던 모습을 아직도 생생하게 기억하고 있다. 누구에게 특별히 배우지도 않았지만, 그날 본 마술을 조금 변형해서 지금도 공연에서 활용하고 있다. 휴지 하나로 어떻게 아이들과 소통하고 즐거움을 주며 교훈을 줄 수 있는지 소개하고자 한다.

나는 보통 이 마술을 무대 공연 중간 즈음에 사용한다. 관객들에게 마술사의 친구 한 명을 데리고 왔다고 하면서 롤 휴지를 꺼내 들고는, "이 친구의 이름은 '티미'"라고 말해 준다. 티미의 앞뒤 부분을 웃는 표정과 우는 표정으로 그려 놓은 후, 아이들이 휴지라고 놀리면 티미가 우는 모습을 보여 주면서 마술을 시작한다.

휴지 마술은 특별한 해법이 있는 것도 아니고, 화려한 기술을 사용하지 않아도 부드럽게 동화책 읽어 주는 느낌으로 진행을 할 수 있다. 마술을 진행하는 동안 관객들과 소통할 수 있으며, 아이를 앞으로 불러서 휴지 찢기부터 표정 따라 하기 등을 함께 해 보고, 마지막에는 손 씻기로 마무리를 한다.

휴지로 할 수 있는 마술과 스토리는 다양하다. 이번 편에서는 티미의 표정 바꾸기, 티미의 분신 마술, 티미가 사라지는 마술, 티미의 모습 바뀌는 마술 등 다양한 마술을 동영상으로 소개할 것이다. 잠시 동

심으로 돌아가 마술을 감상하고, 이어서 이 마술을 함께 배워 보기 바
란다.

이 티미 마술을 많이 진행할수록 아이들 앞에서 더욱 능청스럽고
익살스러운 선생님으로 거듭날 수 있으며, 언어 구사력, 상상력이 풍
부해지는 경험을 맛볼 수 있다.

배워봅시다

▲ 연출 영상

▲ 해법 영상

▲ 마술 도구 구입

김희주

교육마술지도사

학교폭력상담사/학교폭력예방전문강사

대구가톨릭대학교 사회복지대학원 상담학 석사

現 ㈜한국청소년체험세상 전임강사

現 대구광역시 종합복지회관 심리상담센터 상담원 활동

前 대구광역시교육청 학생상담 자원봉사자 활동

나는 심리상담을 공부한 사람이다.

현시대의 우리들은 늘 쫓기듯 바삐 살아간다. 많은 이들이 무한 경쟁 시대에 살아남기 위해서 전투태세를 갖춘 군인들처럼 항상 긴장하며 살고 있는 것이 현실이다. 어릴 때부터 과도한 입시 경쟁에 시달리고, 대학을 졸업한 후에는 취업 준비를 비롯해 각종 시험을 통과해서 사회가 필요로 하는 자신의 자격을 증명하기 위한 팽팽한 삶의 연속. 그 과정 속에서, 자기 자신을 뒤돌아볼 시간도 없이 혹여 상처를 받아도 어찌하지 못한 채 그대로 품고 살아가게 된다. 치유하지 못한 상처는 점점 곪아 자신을 괴롭히는데, 이는 육체적인 상처뿐만이 아니라 정신적인 상처 또한 마찬가지다. 오히려 정신적 상처가 육체적 상처보다 더 커다란 문제를 만들 수 있다는 것은 현대인이라면 다들 공감하는 부분일 것이다. '풍요 속의 빈곤', '군중 속의 고독'이라는 말이 현대의 삶 속에서 묻어나는 문제들을 단적으로 보여 주는 것이라고 할 수 있다. 물질적으로 부유한 사람도, 마음의 상처가 깊으면 삶 자체가 의미가 없다고 생각할 수 있다. 또한 주변에 많은 사람들이 있어도 진정으로 나를 사랑해 주고 좋아 해 주는 존재가 없다고 생각하는 이상 고독을 느낄 수밖에 없는 것이 현실이 다. 무엇을 위한 삶인가? 나는 우리가 행복하기 위해 존재하는 것이라고 생각 한다. 그렇기에 우리는 무한 경쟁 사회에서 살아남기 위해 잠시 내던졌던 정 신적 상처들을 해결하기 위한 한 방편으로, 전문가와의 상담을 필요로 하기 도 한다. 행복해지기 위해서.

하지만 자신의 아픔을 남에게 이야기하고, 그것을 고쳐 나가고 해결하는 것 은 결코 쉬운 일이 아니다. 처음 만난 상대에게 자신의 힘든 이야기를 쉽게 털 어놓는 데는 큰 용기가 필요하다. 제일 중요한 문제는 결국 이야기를 시작할 수 있는 용기를 주는 것이다. 그런 용기를 주려면 우선적으로 상담자(교사)인 내가 좋은 사람이며 친근한 사람이라는 느낌을 주고, 대화에 있어 흥미를 유 발하는 단계가 필요하다.

그 부분을 해결하기 위해서 내가 찾은 방법이 마술이었다. 마술사는 오래 된 직업 중 하나인데, 마술이 그토록 오랫동안 사라지지 않고 현대까지 존재 하는 이유는 사람들에게 즐거움을 주기 때문일 것이다. 사람들은 즐거운 마 음이 생기면 경계심이 사라지고, 좀 더 편한 마음을 가지고 여러 이야기를 꺼 낼 수 있게 된다. 내담자(학생)의 상황을 담아 마술을 가볍게 보여 줄 때, 상담 사에게 가질 수 있는 경계심이 낮아지고, 경계심이 낮아진 내담자는 상담자 에게 친근감을 느끼기 쉬워진다. 그렇게 친근감을 느낀 내담자는 상담자에게는 자신의 문제들을, 작은 용기만으로도 마음속에 숨겨 두었던 이야기까지 할 수 있게 되는 것이다.

　나는 이 책을 통해 상담사로서, 내담자들에게 경계심을 없애 주고 작은 용기를 주는 데에 도움이 되는 마술들을 소개하려고 한다. 실제 상담에서 여러 마술들을 다양한 방법으로 응용해 사용하면서 좋은 결과를 얻을 수 있었다. 상담이라는 분야에서 혹시 나와 비슷한 고민과 관심을 가진 선생님들 있지 않을까 하는 생각에 이 책에 참여했다. 여러 상담사들에게 조금이나마 도움이 되기를 바란다.

1.
드롭링 마술

이 마술은 동그란 링을 다른 손에 잡고 있는 줄 사이로 통과시켜 떨어뜨렸을 때, 링이 바닥에 떨어지지 않고 줄에 걸리게 하는 마술이다. 모든 물체는 위에서 아래로 떨어지는 것이 당연한 사실이지만, 간단한 원리를 활용하면 링이 바닥으로 떨어지지 않은 채 줄에 감겨져 있을 수 있다.

이 마술을 소개하는 이유는 이러하다. 우리는 살아가면서 누구나

한 번쯤 너무나 힘든 문제들을 안고 있을 때가 있다. 그럴때 혼자서는 해결하기 어렵다는 것을 '떨어지는 링'으로 표현하고, 조력자나 협력자, 친구들을 '링을 붙잡아 주는 줄'로 표현했다. 힘든 문제를 함께 해결하자는 뜻으로, 드롭링 마술을 소개하고자 한다.

　몇 해 전 내가 마술을 접하기 전의 일이다. 사람들이 삼삼오오 모여 신기한 광경을 보고 있는 것 같아 슬며시 다가갔다. 중년으로 보이는 남성이 드롭링 마술—그때는 무슨 도구인지도 몰랐다—을 보여 주는 것이 아닌가. 시범을 보여 준 후, 맞은편 관객에게 한번 해 보라고 하며 도구를 건네주면 여지없이 바닥에 뚝 떨어지는 링이지만, 마술을 보여 주는 그의 손에만 가면 줄에서 떨어지지 않고 잘 붙어 있는 것이 아닌가? 몇 번을 봐도, 아니 아무리 눈을 부릅뜨고 쳐다봐도 비밀을 알 수 없었다. 마술에 이용한 도구를 판매하고 있었는데, 막상 구매는 하지 못했다. 돌아오는 길에 하나 사 오지 못한 것을 못내 아쉬워했던 기억이 있다. 집에 와서도 계속 생각이 났다. '그렇게 쉬워 보였는데, 보는 내내 흥미로웠던 데다가 지금까지 잊히질 않는 걸 보면, 그 마술 도구가 내가 하는 일에 도움이 되지 않을까?'하는 생각이 들었던 것이다. 결국 나중에 온라인에서 찾아 실제로 활용하게 되었다. 아주 작아 간편하게 호주머니 속에 들어가는 도구인데, 보는 사람의 호기심을 자극하고, 시선을 사로잡는다. 남녀노소 할 것 없이 신기해한다. 마술사는 아무렇지도 않은 평범한 일인 것처럼 보여 주지만, 관객이 들고 가서 그대로 시도해 보아도 마술사처럼 되지 않아 도무지 알 수 없는 마술이었다.

나는 이 도구를 상담에 필요한 라포(친밀감) 형성 부분으로 지역 아동 센터와 청소년 집단 상담 프로그램에서 선보였다. 바닥에 떨어지는 링을 혼자서 힘들 때의 상황으로 비유해서 보여 주고, 그다음 떨어지지 않는 링을 누군가의 도움이 생겼을 때로 비유해서 보여 주었다. 마술에서처럼 어떻게 하면 행복할 수 있는지, 드롭링 마술을 보여 주며 프로그램 도입부를 만들었다. 가볍게 준비해서 보여 준 드롭링 마술은 나를 아이들이 매주 설레어하며 기다리는 상담사로 만들어 주었으며, 이 마술을 이용해 상담 초반 라포 형성이 어려울 때에 많은 도움을 받았다. 다른 다양한 도구들에 비해 부피가 적고, 스토리텔링이 용이하다. 그냥 호주머니 속에 넣고 다닐 수도 있고, 혹은 목걸이로 걸고 다니면 당신을 충분히 멋진 상담사로 만들어 줄 것이다. 간단하지만, 단번에 주변의 시선을 끌 수 있는 훌륭한 도구다.

상담을 불편해하거나 흥미나 의지가 전혀 없는 청소년들을 포함해, 분명 상담이 필요한데도 진행이 쉽지 않은 상황들이 있다. 그럴 때 이 마술에 가벼운 이야기를 접목시켜 주면 진로 및 집단 상담, 개인 상담에 활용도가 높은 도구가 되리라 믿어 의심치 않는다.

배워봅시다

▲ 연출 영상

▲ 해법 영상

▲ 마술 도구 구입

2.
별과 하트 고무줄 마술

하트와 별 모양, 두 개의 고무줄을 이용하는 마술이다. 두 개의 고무줄은 여느 평범한 고무줄과는 달리 특수한 모양으로 만들어져 있으나, 늘어난 고무줄을 손목에 끼우고 있으면 상대는 그것이 일반 고무줄과 다르다는 것을 알 수 없다. 두 개의 고무줄은 탄성을 이용해 다양한 모양을 만들어 내담자(학생)들로 하여금 상상의 나래를 펼칠 수 있도록 도와주는 마술이다. 각자의 상상을 만들어 가는 과정에서 스토리텔링이 매우 용이하다. 그 상상을 바탕으로, 막연하게만 느껴졌던 진로에 대한 고민을 재미있는 마술과 함께 해결해 본다면 매우 흥미로운 수업이 될 것이다.

상담사(교사)는 손목의 두 개의 고무줄을 보여 준다. "고무줄의 성질인 탄성을 이용해 지금부터 여러분과 함께 멋진 우주여행을 떠나자."라고 말한 뒤, 노란색 고무줄은 엄지 약지에 걸고 다른 빨간색 고무줄은 검지로 가지고 와 로켓을 만든다. 그다음 그 로켓을 타고 마치 별나라로 가는 것 처럼 별을 만들어 보여 주고 나서, 여기에 별을 하나 더해 쌍별도 만든다. 그러고는 아이들 중 한 명을 불러 꼬여 있는 노란 고무줄을 힘껏 당겨 보게 한다. 별 모양을 만들었던 노란색 고무줄은 진짜 별 모양이 되고, 나머지 빨간색 고무줄 또한 멋진 하트 모양으로 변신한다. 상상 속의 별이 진짜 별이 되어 나타나는 신기한 마술을 경험하게 된다.

집단 상담이나 개인 상담 시에, 아이들의 진로 문제에 대한 이야기는 항상 하기 마련이다. 물론 진로나 직업이 정해져 있는 아이들도 있다. 하지만 진로를 정하는 데 어려움을 겪거나, 본인이 정한 진로를 준비하고 진행하는 게 힘들어서 고민 중인 아이들도 많다.

단순한 마술이지만, 다양한 모양을 만들 수 있기에 오히려 이점이 있다. 아이들이 꿈을 이야기할 때 항상 로켓이나 별에 대한 이야기를 하는 것은 아니지만, 비유와 은유를 사용해 위에 소개한 것처럼 별을 향해 로켓을 타고 나아가는 마술을 보여 주는 것이다. 내담자는 그 마술에 자신을 투영해 꿈을 향해 날아갈 수 있다는 용기를, 조금이지만 그래도 시작할 수 있다는 힘을, 그리고 긍정적인 메시지를 얻으면서 시작해 라포 형성에도 도움을 받을 수 있다. 정해진 모양뿐 아니라 이야기하는 대로 상황에 맞춰 유연하게 아이들에게 보여 줄 수 있기 때문에, 다양한 상황이 존재하는 상담 및 진로 체험에서도 쉽게 활용할 수 있다. 서로 꼬여 풀리지 않는 고무줄이 어느 순간 풀리는 마술처럼, 청소년에게는 희망을 안겨 줄 수 있는 별을 만들어 주고. 어른들에게는 추억을 제공할 수 있는 다양한 놀이(「둥글게 둥글게」노래에 맞춰)와, 두 개의 고무줄로 빠져나올 수 없는 공간에서 순식간에 빠져 나오게 할 수 있는 마술 등을 보여 준다. 이처럼, 상황을 긍정적인 방향으로 이끌어 줄 수 있는 도구로 고무줄을 활용할 수 있기를 기대한다.

배워봅시다

▲ 연출 영상

▲ 해법 영상

▲ 마술 도구 구입

3.
씽킹 넘버 테스트 마술

이 장에서는 카드 마술을 소개하려고 한다. 우리가 흔히 알고 있는 일반적인 트럼프 카드를 비롯해 다양한 형태의 카드와 이를 응용한 마술이 있다. 그중 하나인 예언 마술로 씽킹 넘버 테스트 마술을 소개한다.

일곱 장의 카드가 있다. 그 카드 속에는 여러 개의 숫자가 나열되어 있다. 상담사(교사)는 내담자(학생)에게 하나의 숫자를 선택해 기억하게 한다. 그런 다음 상담사는 일곱 장의 카드를 한 장 한 장 넘기며, 생각한 숫자가 있는가를 물어본다. 그러고는 결국 마지막 카드에서 선택한 숫자를 알아맞히는 매우 신기한 마술이다. 상대방의 마음을 꿰 어 보는 심리 마술인 셈이다.

사람들은 누군가가 자신의 생각을 훔쳐볼 수 있다고 생각하면 매우 흥미롭게 받아들인다. 전혀 모르는 사람이 나의 마음을 안다고 생각 하면 궁금증과 더불어 설렘마저 느껴질 것이다. 숫자가 쓰여진 일곱 장의 카드만을 이용해 생각을 알아본다면, 흥미롭지 않은가?

마술은 이렇게 진행된다. 먼저 일곱 장의 카드를 펼쳐 보인다. 관객 중 한 사람을 지목한 후 1부터 99까지의 숫자 중 하나를 선택해 그 숫 자를 종이에 쓰도록 한다. 물론 그 숫자는 상담사가 알 수 없게 다른 사람과 공유한다. 그리고 상담사는 일곱 장의 카드를 한 장 한 장 넘기 며 그 숫자가 있는지를 확인한 후, 내담자와 손 또는 눈빛을 교환한다. 서로 교감을 한 후 그 내담자의 숫자를 알아맞힌다.

이 마술은 상대방이 생각한 숫자를 상담자가 맞히는 마술이다. 하지만 단순히 이 카드에 들어 있는 숫자 하나를 맞히는 것에 그치지 않는다. 내 담자의 삶 속에서 의미가 큰 숫자와 그 숫자에 관련된 내용을 연관지으 면서, 자연스럽게 내용을 이어 가기 위한 것이다. 막연하게 그냥 숫자를 이야기하라고 하기보다는 내담자의 나이, 혹은 가장 아름답고 행복했던 시절의 나이, 또는 인생의 터닝 포인트가 되었던 일에 관련된 숫자를 묻 고 답하는 방향으로 유도하는 것이 상담에서 사용하는 방식이다.

상담에서 매우 중요한 부분인 생애 주기나 지나온 과거사를 되짚어 볼 때, 살아온 삶을 글로써 표현해 보라고 하는것은 생각보다 막연하다. 그러므로 이 마술을 보여 주면서 내담자의 행복한 시절과 아픈 과거의 주기(나이)를 말하고 관련된 이야기를 진행하는 것은, 자연스럽게 상담 과정을 이끌기에 굉장히 적합했다. 물론 상담자가 유도하는 것보다는, 숫자를 알아맞히는 과정에서 자연스럽게 내담자가 자신의 스토리를 이야기할 수 있다면 더욱 좋다. 물론 이 마술은 비단 상담에서뿐만 아니라 다른 모든 이에게도 무척 흥미로운 마술이다.

씽킹 넘버 테스트 마술을 통해 자연스럽게 삶의 중요한 순간들을 넘나들며, 가벼운 숫자 마술에서 시작해 내담자의 삶 이야기들을 조금씩 풀어 나가 깊은 이야기로 발전시키고, 상담의 진척도를 크게 높일 수 있을 것이라고 확신한다.

배워봅시다

▲ 연출 영상

▲ 해법 영상

▲ 마술 도구 구입

4.
세 줄 로프 마술

서로 길이가 다른 세 개의 로프를 이용한 마술이다. 세 개의 로프를 뭉쳐서 마술을 건 뒤 다시 펼치면, 길이가 달랐던 세 개의 로프가 어느새 똑같은 길이로 변해 있는 마술이다. 이 마술은 상담 활동(집단, 개인)에서 매우 유용하게 활용할 수 있는 마술이다. 성격의 다양함과 가치관의 다름에 대해 존중하지 않고, 평등에 대해 생각하지 않으며, 자신의 생각이 옳고 상대의 생각은 틀렸다고 이야기하는 데서 생기는 문제가 많다. 서로 다른 것은 그저 가치관과 성격의 차이일 뿐, 궁극적으로 모든 사람은 평등하다는 것을 마술로 표현할 수 있다.

상담을 하다 보면, 특히 서로 간에 분쟁이나 언쟁이 있어 힘든 때가 있다. 권위 의식을 가진 가장, 자식을 자신의 소유물이라 생각하는 부모, 자신보다 부족하고 만만해 보이는 사람을 자기 마음대로 해도 괜찮다고 생각하는 사람 등을 만났을 때 말이다. 그들의 그런 생각들을 직접적으로 지적하면 도리어 화를 내거나, 인정하지 않으려는 상황이 많이 있다. 그런 때에 분위기를 전환하고자 나는 종종 이 로프를 이용한 마술을 보여 주었다.

이 마술의 특징은, 각각 다른 길이의 로프를 상담사의 어떤 행위를 통해 같은 길이로 만드는 것이다. 이 마술을 할 때, 나는 로프들을 의인화시켜 마술에 접목했다. 예를 들어, "여기 각각 성격이 다른, 혹은 가치관이 다른 세 사람이 있습니다.", "가치관과 성격, 행동, 모든 것이 다 같을 순 없지만, 서로 다른 사람끼리 더불어 살기 위해서는 길이로 표현되는 서로의 마음, 감정들을 조정해 함께 가야 합니다."또는, "세 개의 길이가 모두 달랐지만, 결국 '권리'라는 하나의 큰 숨결 속에선 모두가 같은 길이로 동일해집니다."라고, 세 개의 로프가 길이가 같아지는 것을 이용해 조화, 또는 평등을 이야기해 보는 것이다. 세 줄 로프의 마술로는 각각 다른 길이의 로프로, 상기했듯이 의인화를 사용하거나, 그 외에도 사용자의 역량에 따라 다양한 이야기를 만들 수 있을 것이다. 상담이 아니더라도, 필요한 사람의 용도에 맞게 수학 수업 및 예체능 활동 시간에는 재미있는 스토리로 도입부를 꾸미는 등의 활용을 할 수도 있다. 흥미로운 로프 마술을 통해 상담에서의 분위기 전환은 물론, 소통이 필요하며 마술을 하는 본인이 분위기를 이끌어 가야 하는 상황이 된다면 세 줄 로프 마술은 가벼운 준비 과정에 비해 충분히 더 좋은 결과를 낼 수 있는 마술이 될 것이다.

배워봅시다

▲ 연출 영상

▲ 해법 영상

▲ 마술 도구 구입

5.
미움이 사랑으로 변하는 카드 마술

 네 장의 미움 카드가 한 장의 사랑 카드를 만남으로 인해 모든 카드가 사랑 카드로 바뀌는, 간단하면서도 신기한 카드 마술이다. 이 마술은 너무 쉬워서 어린아이들도 쉽게 할 수 있다는 장점을 가지고 있다. 바쁜 일상 속에서 우리들은 언제나 시간에 쫓겨 살아가고 있다. 어릴 적 동네 어귀에서 공차기, 고무줄놀이로 해 지는 줄 모르고 놀던 시절은 머나먼 옛날이야기처럼 느껴진다. 그때 그 시절은 친구들과 함께 어울려 놀던 때라 친구들의 시시콜콜한 일들도 내 일처럼 느껴졌다. 하지만 지금은 그런 친구들과의 유대감은 꿈같은 이야기가 되어 버렸다. 어릴 적 생활에 비해 경제적인 풍요는 누릴지 모르지만, 정서적인 부분에서 메말라 있기 때문이다.

이번에 소개하고자 하는 마술은 우리가 대화의 단절로 인해 부모 자식 간의 관계, 친구 사이, 직장 생활에서의 관계 등에서 겪고 있는 어려움에 대해 이야기할 수 있는 마술이다. 미움이 사랑으로 변하는 카드가 다른 사람에게 조금 더 가까이 다가갈 수 있는 매개체가 되었으면 하는 바람으로 이 마술을 소개하고자 한다.

테이블 위에는 다섯 장의 카드가 놓여 있다. 상담사(교사)는 다섯 장의 카드 중 네 장의 카드를 보여 준다. 카드는 네 귀퉁이에 모두 화난 표정의 얼굴이 그려져 있는 미움 카드다. 상담사가 질문을 던져, 어떤 때에 미운 마음이 생기는지 이야기해 본다. 그런 후 상담사는 네 장의 카드에서 맨 마지막 장의 미움 카드를 다른 남은 한 장의 카드로 교체한다. 다섯 장의 카드 중 남은 한 장의 카드는 '러브love'라고 쓰여 있는 사랑 카드다. 상담사는 남아 있던 세 장의 카드와 다른 한 장(사랑카드)의 카드를 합친 후, 가슴에 카드를 품고 간절하게 이야기한다. 제발 이 미운 마음이 좋은 마음으로 변하게 해 달라고. 소원을 빌듯이 마술을 걸고 난 후 카드를 펼쳐 보이는 순간, 모든 카드는 사랑 카드로 바뀌어 있다.

앞에서 말한 바와 같이 이 마술은 사람들 간의 관계 회복을 위한 좋은 도구다. 컴퓨터, 휴대폰 등의 발달로 우리의 삶은 매스미디어 생활에 더욱 가까워졌다. 이런 생활에선 대화 부족으로 인해 가족 사이의 거리조차 자꾸 멀어져만 간다. 친구 간의 관계 역시 별반 다르지 않다.

그런 이유로 인해 상대방을 이해하는 데에 많은 어려움을 겪고 있는 상황에, 이 어려움을 조금이나마 해소하기 위해서, 미움이 사랑으로 변하는 카드를 활용해 서로의 마음을 알아 가 보고자 한다. 난이도가 어렵지 않으면서 다양한 방법으로 활용하기 좋은 도구이며, 친구들과의 소모임, 집단 상담, 성인들을 위한 모임에서 미움과 사랑이란 주제로 진행하기에 효과적인 마술이다. 거기에 사회자나 선생님의 재치와 센스를 더한다면 이 카드 마술의 설명과 의의를 좀 더 다양하게 이야기할 수도 있다. 나의 단점을 장점으로 바꾼다든지, '나는 누구일까?'와 같이 연상 단어를 조합해 마지막에 답을 맞히는 등. 저학년 수업에서 다소 지루하게 느껴지는 바른생활 수업 같은 곳에도 활용할 수 있어 활용도는 무척 높다고 생각한다.

배워봅시다

▲ 연출 영상

▲ 해법 영상

▲ 마술 도구 구입

6.
신문지 마술

　책상에 펼쳐진 한 장의 신문지를 들어 내담자(학생)들에게 보여 준다. 아무런 장치가 되어 있지 않은 신문지라는 걸 의미하듯 말이다. 천천히 앞뒤로 신문지를 손으로 툭툭치며 펼쳐 보인 후 신문지를 둘둘 말고는, 가위를 꺼내 들고 둘둘 만 신문지를 칼집을 주듯 자른다. 그후 신문지 뭉치를 높이 들고 내담자를 한번 둘러본다. 그러고는 신문지 뭉치, 칼집 넣은 신문지 끝을 당겨 올리는 순간 신기하게도 신문지가 끝없이 올라오는 것이다. "와! 계속 올라온다.", "와! 언제까지 올라오는 거야?", "어디가 끝인 거야, 도대체…?"

이 마술은 앞서 기술한 것처럼, 돌돌 말린 신문지를 가위로 칼집을 내듯 자르고 신문지 끝을 당기면 신문지가 트리가 되어 계속 올라오는 마술이다. 이 마술은 생활마술이다. 생활마술이란, 우리 주변에서 흔히 구할 수 있는 신문지, 빨대, 휴지 등 생활 소품을 마술의 도구로 활용하는 것이다. 생활마술은 특별한 마술 도구가 필요치 않아 언제든지 할 수 있다는 큰 장점을 가지고 있다.

나는 보통 이 마술을 두 파트로 나누어 사용한다. 저학년(유치원, 초등 1~2학년)과 고학년(초등 3~6학년, 중등)이다. 저학년의 경우 신체적인 성장(좋은 음식, 나쁜 음식)에 대한 이야기로 이어 가고, 고학년에게는 꿈과 진로에 대한 이야기로 진행한다.

각자가 만든 트리를 잘라 A4 용지에 붙여 화분을 만든다. 각자가 생각하는 단어를 포스트잇에 적거나 그림을 그려, 만들어 놓은 나무의 가지에 붙인다. 그런 후 각자의 생각을 친구와 나누며, 주도적 학습을 이끌 수 있다. 단순하게 재미만을 위한 마술이 아니라, 자신의 생각을 전달하는 방식을 배울 수 있는 효과를 가져와 훌륭한 스토리텔링으로 엮어 가기 좋은 마술이다. 청소년(고학년) 수업에서 트리를 만든 후 미래의 꿈, 희망, 진로에 대한 이야기를 자연스럽게 이끌어 나가 자신의 진로의 방향을 스스로 이끌어 낼 수 있을 것이다.

신문지 트리는 저학년에게는 상담사(교사)와 함께 만드는 마술 도구이며, 스스로 만들었다는 성취감을 줄 수 있다. 또한 트리나무 꾸미기 활동과 이야기를 만들어 가는 과정에서 상담사와의 친밀감을 느끼고, 친구와 함께하는 협동심을 배우며, 청소년들에게 지루하게만 느껴지던 진로에 대한 수업을 마술과 접목해 즐겁고 유쾌한 수업으로 진행할 수 있다. 저학년은 편식에 관한 내용으로, 고학년은 진로, 꿈, 희망에 대한 내용으로 신문지 마술 트리를 활용한다면 다양한 결과물을 낼 수 있을 것이다. 재미와 이야기가 있는 마술 수업이야말로 여러분을 멋진 선생님으로 만들고, 학생들 뇌리 속에 깊이 새겨지게 할 것이다.

배워봅시다

▲ 연출 영상

▲ 해법 영상

김희주　**67**

우리
선생님은
마법사

박치홍

한국교육마술지도자
現 이벤트하우스 대표
現 스마일마술도구제작연구소 대표
現 청춘마술연합회 부산지회장
前 부산강서복지관 마술 강사

안녕하세요! 스마일 아저씨 박치홍 마술사입니다.

많은 사람들이 저에게 이런 말을 합니다.

"마술사님은 웃는 모습이 너무 멋져요!"

웃는 얼굴에 친근감이 가고, 웃으면서 하는 마술 공연에 진실함이 있는 것 같다면서 쉽고 편하게 다가오십니다. 그런 덕분에 언젠가부터 저는 '박치홍 마술사'라는 이름 대신에 '스마일 아저씨'로 많이 불려지고 있습니다.

저는 풍선 또는 요술 풍선을 가지고 강아지, 곰돌이, 꽃, 우산, 모자, 기타, 칼, 총, 물고기, 나비, 하트 봉 등등 여러 가지 모양을 만들어서 아이들에게 나눠주는 행사를 오랫동안 해 왔습니다. 그러던 중 저는 어느 순간 문득 '풍선을 가지고 할 수 있는 마술이 뭐가 있을까?'하는 생각이 들었지요. 그 이후로 우여곡절 끝에 마술을 배우기 시작해 결국 마술사의 길로 들어서게 되었네요.

풍선을 배운 지는 20년, 마술을 배우기 시작한 지는 15년. 마술 공연으로 많은 시간이 흘렀어도 웃는 얼굴로 아이들과 함께하면 행복해지는 것은 그때

나 지금이나 똑같습니다.

마술 공연을 보면서 똘망똘망해지는 아이들의 눈동자를 보면서, 공연을 하는 저는 더 많은 행복함과 에너지를 얻습니다. 공연자는 박수를 먹고 산다는 말도 있잖아요.

마술 공연은 혼자 하는 것이 아니라, 관객이 마술 공연에 동참하고 함께 호흡하는 것이라고 생각합니다. 저의 마술 공연은 세계 마술 대회에 출전하는 마술사들처럼 화려하거나 정교하고 심오한 마술은 아니지만, 늘 즐거운 마술입니다. 교실에서 함께하는 모든 아이들과 하나가 되어 함께 즐길 수 있는 마술 공연이 가장 좋은 공연이라 생각하고 있습니다.

마술에 스토리를 넣어서 소통하는 것이 진정으로 모두가 함께하는 공연이라고 생각하기 때문에, 저의 연출에는 언제나 스토리가 많이 들어가고 아이들이 동참하는 마술들이 대부분입니다.

스토리는 무궁무진하며, 나만의 이야기를 만들어 내기 때문에 창의력 또한 좋아집니다. 아이들과 함께 하면서 아이들의 이야기와 생각, 느낌 등을 알 수가 있다는 것이 크나큰 장점이지요. 아이들은 거짓말을 못 한다고 하잖아요.

공연이 끝나고 나면 아이들의 반응을 보면서 때로는 '앞으로 좀 더 노력해야겠다.'라고 반성할 때도 있지만, '오늘 공연 너무 행복하다.'라는 기쁜 생각을 할 때가 많습니다.

마술은 해법을 안다고 해서 하루아침에 완성되는 건 아닌 것 같아요.

꾸준한 연습으로 수정하고 보완해 가면서 하나의 마술이 만들어지는 것이라 생각합니다.

아! 웃는 얼굴은 필수입니다. 멋진 마법사가 되는 그날까지 파이팅 하자구요!

1.
색깔 맞히기 마술(컬러비전)

어린이들을 위해 오랫동안 마술 공연을 해 오면서 알게 된 것 중 하나가 바로 '한 번 보여 준 마술은 절대로 같은 자리에서 두 번 하지 마라!'다. 그런데 그런 고정 관념을 깨 준 마술이 있다. 바로 이번에 소개할 색깔 맞히기 마술(컬러비전)이다.

대부분의 마술사들은 이 마술을 한 번만 보여 주고 다른 마술을 보여 주지만, 나는 이 마술만큼은 한 번으로 끝이 나면 정말 정말 재미

없는 마술이라고 생각한다.

이 마술은 한자리에서 한 번이 아니라 두 번이나 세 번 까지 다시 보여 주어도 괜찮은 마술이며, 아이들의 호기심을 발동시키는 데 큰 효과가 있는 마술이다.

이 마술은 아이들과 소통하기에 정말 좋은 마술이다. 빨강, 노랑, 파랑 등 색깔을 아는 아이들이라면 누구에게나 가능한 마술이다. 한 아이에게 상자의 뚜껑을 열어 그 속에 있는 색깔 주사위를 보여 준다. 그런 다음 한 가지 색깔을 골라서 고른 색깔이 위로 올라오도록 한 뒤 뚜껑을 덮고 돌려 달라고 부탁하고는 돌아선다. 그러고서 나는 상자의 뚜껑을 열지 않고 아이가 고른 색깔을 맞히는 것이다. 같은 마술을 같은 아이에게 다시 해도 좋고, 다른 아이에게 다시 해도 결과는 같다. 이 마술을 보여 주는 동안, 나는 아이들이 나를 친근하게 느끼며 다가오고 있다는 것을 느낄 때가 많다. 어쩌면, '우리 선생님은 진짜 마법사일 거야.'라고 생각하는 것은 아닐까 싶을 정도로 말이다.

교사인 여러분이 아이들과의 첫 대면에서, 자리에 함께한 아이들과 아주 빠르게 친해지고 싶다면 나는 이 마술을 추천한다. 이 마술의 원리를 이해하고 나면, 크기와 내용을 다르게 해서 나만의 마술 도구를 만들어 활용하고 싶다는 생각이 들 수도 있다. 정육면체와 뚜껑이 있는 상자를 만들기만 하면 되기 때문에, 나만의 마술 도구를 갖는 것이 생각보다 어렵지 않다. 이 마술을 배울 준비가 되었다면, 이제 마술의 비밀을 알아보자.

배워봅시다

▲ 연출 영상

▲ 해법 영상

▲ 마술 도구 구입

2.
덤팁 & 실크스트리머 마술

이번에 소개할 마술은 아주 오래된 고전 마술 중 하나이며, 현재까지도 많은 마술사들이 다양하게 응용해 두루 사용하고 있는 마술이다. 어쩌면 이 책을 읽고 있는 여러분도 한 번쯤은 이 마술을 보았을지 모른다. 일반적으로 소재는 다를지라도, 무언가 작거나 얇은 물건들을 사라지게 하거나 감추어 두었다가 나타나게 할 때 이 마술을 사용한다.

'덤팁'이라는 손가락 모양의 도구를 이용해서, 작은 손수건이나 화장지, 혹은 지폐, 담배 등등 여러 가지 물건을 눈앞에서 감쪽같이 사라지게 할 수 있다. 이번 편에서는 '스트리머'라고 부르는 알록달록 예쁜 색깔의 얇고 긴 천을 사라지게 하는 마술로 연출하는 방법을 소개한다.

나는 이 마술을 이런 방식으로 연출하는 것을 가장 좋아한다.

주머니에서 오른손으로 실크스트리머를 꺼낸다. 아이들에게 아무런 이상이 없는 실크임을 보여 주기 위해 아래 위로, 혹은 허공에 S 자 모양으로 멋지게 흔들어 보여 준다. 왼손에는 아무것도 없다는 것을 확인시켜 준 뒤 주먹을 쥔다. 흥겨운 음악에 맞춰 긴 실크스트리머를 왼손의 주먹 안에 조금씩 넣어 주고는, 스트리머를 쥔 왼손 주먹에 마술을 걸어 준다. 그러고 손을 펴면, 90센티미터가 되는 실크스트리머가 연기처럼 사라져 손에는 아무것도 없다. 그 후 사라진 실크스트리머는 아이들의 주머니에서 나오게 된다. 선생님의 손에서 사라진 실크스트리머가 아이들의 주머니에서 나오는 순간, 아이들에게서 박수와 탄성이 흘러나오게 된다. 어쩌면 얼떨결에 마술에 참여하게 된 그 아이는 이 순간을 오래 기억하게 될 것이다.

이 마술은 쉽게 배울 수 있고, 누구나 조금만 연습하면 완벽하게 해낼 수 있다. 하지만 완벽하게 마술을 연출하는 것보다 더 중요한 것이 있다. 그것은 바로 앞서 밝힌 것처럼 '아이들과 함께하는 마술', '아이들의 추억에 오래 남을 감동이 있는 마술을 하자!'다. 나는 오랜 시간

동안 마술을 해 오면서 이 나름대로의 원칙을 지켜 왔다.

마술을 정말 정말 잘해도 아이들과 호흡이 없는 마술이라면 멋진 마술이라 할 수 없다고 생각한다. 아이들이 직접 참여하는 마술을 해 보고 싶다면, 이 마술을 강력히 추천한다.

배워봅시다

▲ 연출 영상

▲ 해법 영상

▲ 도구 구입-1

▲도구 구입-2

3.
매직 캔디 박스 마술

이번에 소개할 마술은 아무것도 없는 작은 상자에서 내가 원하는 물건이 나타나게 하는 신기한 마술이다. 작은 크기여서 조금 아쉽기는 하지만, 이 작은 상자 안에 들어가는 물건이면 어떠한 것도 마술로 나타나게 하는 것이 가능하기 때문에, 얼마든지 다양한 연출을 할 수가 있다는 장점이 있다.

다만 마술로 나타나게 할 물건을 미리 준비해서 마술 도구 안에 잘 숨겨 두어야 하는, 약간의 수고스러움이 있다는 단점이 있지만, 막상 마술이 진행되었을 때 아이들의 반응이 뜨겁다.

이 마술을 준비하는 과정에서 가질 수 있는 보람이 있는데, 바로 '즐거운 상상'이다. 이 마술을 아이들에게 멋지게 보여 주기 위해서 연습하고 준비하는 과정에서 생기는 즐거운 상상, 아이들이 재미있어하고 행복해할 반응을 상상하면서 나는 무한한 행복감을 느낀다. 어쩌면 이 마술을 배워서 준비하는 과정에서 여러분도 나처럼 가슴이 쿵당쿵당 뛰는 즐거운 감정을 느낄지도 모른다. 사실 그랬으면 좋겠다.

나는 이 마술을 진행할 때, 과자나 캔디 같은 군것질 거리를 간식으로 준비해서 아이들에게 주는 것을 좋아한다.

"얘들아, 너희들이 좋아하는 간식은 어떤 거니?"

나의 질문에 아이들은 각자 자신이 좋아하는 간식거리들을 신나게 떠들 것이다.

운이 좋게도, 내가 준비한 간식을 아이들이 말해 준다면, 그날의 마술은 특별히 두 배로 대성공이다. 아이들이 좋아하는 간식을 즉석에서 마술로 만든 것처럼 보일 테니 말이다.

하지만 내가 준비한 간식이 나오지 않아도 실망할 필요는 없다. 자연스럽게 내가 준비한 간식의 이름이 나오도록 유도해 가면서 진행을 하면 된다.

만약 내가 캔디를 준비했는데 아이들의 입에서 "캔디"라는 말이 나오지 않을 경우엔, 이렇게 힌트를 줘 보자. "선생님은 달콤한 것을 좋아하는데. 달콤한 간식을 좋아하는 친구는 누구?"

이 마술을 자주 하다 보면, 자연스럽게 노하우가 생길 테니 너무 걱정하지 말기 바란다.

아이들의 입에서 "캔디"라는 단어가 나오도록 하는 데 성공했다면, 종이에 캔디라는 글씨를 적어서 상자에 넣고 두껑을 닫은 후 마술 주문을 외워 준다. 기왕이면 아이들이 나와 함께 마술 주문을 외쳐 주면 더 좋다. 여러분은 어떤 주문을 좋아하는가?

'아브라카타브라', '수리수리 마수리', '따이따이 따이'.

무엇을 사용하든지 좋다. 아이들과 한마음으로 크게 주문을 외치는 것이 더 중요하다.

그리고 상자를 열면, 이 작고 투박한 빨간색 상자에서는 캔디가 한 주먹 가득 쏟아져 나온다. 이 얼마나 신기한 마술인가?

아이들이 캔디를 보면서 마냥 좋아할 얼굴을 상상하며 미소가 지어진다면, 여러분은 훌륭한 마술사가 될 자질을 충분히 가지고 있는 것이라고 생각한다.

이 마술은 캔디를 만들어 내기 위해, 교실에서 누구도 소외되는 아이가 없이 한마음으로 마술 주문을 다같이 외치고, 정말 그 물건이 나왔을 때 즐거워하는 과정을 통한 무한한 감동을 주는 것이 가장 큰 목표라고 생각한다.

만약, 여러분에게 이 마술 상자가 있다면, 여러분은 어떤 물건을 만들어 내고 싶은가? 정했다면, 이제 마술 다 배워 보자.

배워봅시다

▲ 연출 영상

▲ 해법 영상

▲ 마술 도구 구입

4.
멀티 매지션 가방

이 가방은 가방인 동시에 마술 도구다. 이 가방은 여러 가지 마술을 위해서 고안된 디자인으로 제작되어 있다.

마술에 참여한 아이가 쉰두 장의 카드 중에서 무작위로 선택한 카드를, 가방의 한쪽 면에 그려진 카드 그림을 보여 줌으로써 찾아내는 마술이 가능하다.

다음으로는 내가 벽을 보고 뒤돌아 있는 동안, 아이들이 가방 면에 그려진 아홉 칸의 표에 있는 그림 중 하나를 선택한 뒤에 내가 정확하게 아이들이 선택한 그림을 찾아낼 수도 있다.

이번에는 조금 다른 마술을 보여 줘 보자. 십자가, 별, 하트, 동그라미, 클럽, 다이아몬드 중 하나의 무늬를 아이들이 선택한다. 그럼 나는 가방을 열어 아이들이 그 그림을 선택하게 될 줄 미리 알았다는, 예언 마술을 보여 줄 수도 있다.

계속해서 찾아내는 마술만 보여 줬으니, 이번에는 다른 마술을 보여 줘 보자. 여섯 명의 소년 소녀가 그려져 있는 면을 보여 주고 나서, 아이들이 각자 마음속으로 한 명을 선택해서 잘 기억하게 한다. 그러고는 내가 마술을 걸고 나서 가방의 다른 쪽을 보여 주면, 놀랍게도 아이들이 각자 선택한 그림만 사라져 버리는, 마치 집단 최면 같은 마술을 보여 주는 것도 가능하다.

대부분의 마술 도구가 하나 혹은 두 가지 정도의 마술적 효과를 보여 주는 데 비해, 이 마술 가방은 가방으로서의 기능 외에도 이렇게 많은 마술을 연출을 할 수가 있다는 것이 가장 큰 장점이다. 효용성과 가성비 면에서 가장 훌륭하다고 생각한다.

이 가방을 이용해서 보여 줄 수 있는 마술들은 대부분 마술사인 내가 아이들과 소통을 하면서 하기에 좋은 마술들이다. 아이들이 선택하고 내가 찾아내는 과정에서 아이들과 금방 친해질 수 있다. 이 마술의 비밀을 완벽하게 이해하고 나서, 여러분도 멋지게 마술 가방을 통해 마술을 보여 줘 보자. 아이들에게 가장 인기 있는 선생님이 될 것이다.

배워봅시다

▲ 연출 영상

▲ 해법 영상

▲ 마술 도구 구입

5.
풍선 통과하는 마술

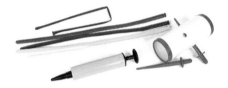

이 마술은 아이들이 정말 정말 좋아하는 요술 풍선을 이용한 마술이다.

이벤트 행사장이나 축제에 가면 키다리 피에로 아저씨들이 여기저기서 아이들에게 요술 풍선을 가지고 푸들이며 꽃을 뚝딱 만들어 나눠 주는 모습을 종종 볼 수 있다.

당연히 그 주변에는 피에로 아저씨가 주는 풍선을 받아 가겠다고 모여 있는 아이들을 쉽게 볼 수 있다. 어른인 우리가 볼 때는 그저 기다란 풍선일 뿐인데도 아이들에게는 그렇지 않은가 보다. 아무튼, 이렇게 아이들이 좋아하는 요술 풍선으로 보여 줄 수 있는 마술이다.

요술 풍선을 길게 불어서 공기를 조금 빼 준 후 묶어 준다. 이 풍선은 아무런 이상이 없는 풍선임을 확인시켜 주고나서, 그 요술 풍선을 준비된 원통으로 반만 통과시켜 준다.

풍선이 들어가 있는 상태의 원통에는 함께 준비된 송곳이 들어갈 구멍이 네 개 있는데, 그 구멍으로 두 개의 송곳을 찔러서 풍선을 통과하는데도 풍선이 터지지 않는, 정말 신기한 마술이다.

그러고는 이어서, 두 개의 송곳을 빼면 풍선의 바람이 빠지지 않을까 싶지만, 천천히 송곳을 빼 보아도 풍선은 터지거나 바람이 빠지지 않은 채 그대로 있게 된다.

원통에서 빼낸 요술 풍선으로 간단히 칼이라도 만들어서 집중을 최고로 잘한 아이에게 선물로 줄 수 있으면 금상첨화 아니겠는가. 아마도 친구들에게 부러움을 한몸에 받는, 최고로 기분 좋은 날을 선물하게 될지도 모른다.

이왕 요술 풍선을 이용한 마술을 배우게 되었으니, 조금 더 노력해서 요술 풍선으로 마술도 보여 주고 아이들이 좋아하는 칼이나 꽃, 강아지들을 만들어 주는 선생님이 되면 아이들에게 인기 만점 사랑받는 선생님이 되지 않을까 권해 본다.

▲ 연출 영상

▲ 해법 영상

▲ 마술 도구 구입

6.
나무젓가락 마술

이런 마술 도구가 있다면 어떨까?

일상생활 속에서 쉽게 구할 수 있는 마술 도구! 가정마다 싱크대 속에 하나씩 있을 법한 마술 도구! 김밥 포장 주문하면 김밥과 함께 오는 마술 도구! 마트에서 사발면을 사면 덤으로 주는 마술 도구! 그렇다. 바로 나무젓가락을 이용한 마술을 소개하고자 한다.

이 책을 읽는 분 중에, 나무젓가락으로 무슨 마술을 할 수 있느냐고

의아하게 생각하는 독자들이 있을지 모르겠다. 하지만 충분히 가능하다. 또한 나무젓가락을 이용해서 언제 어디서나 재미있는 마술을 보여 줄 수 있다. 그리고 이 마술 또한 스토리가 있는 마술로 소개하고 싶다. 왜냐하면, 이 마술은 스토리가 없으면 재미가 없는 마술이 되고, 재미있는 스토리를 넣어 연출하면 더욱더 신기한 마술이 되기 때문이다.

나무젓가락을 가르지 않고 사용해야 하는데, 일반적으로 젓가락을 잡게 되는 넓은 면에 아무도 모르게 그림을 그려 두어야 한다. 한쪽에는 하트 그림 하나를 그려 두고, 반대쪽에는 하트 그림 두 개를 그려 두고 마술을 시작한다. 다음 페이지에 나올 영상을 잘 보고 젓가락을 다루는 방법을 익혀야 한다. 익숙해지면, 아이들에게 젓가락의 앞뒷면 모두에 하트가 하나 그려진 것처럼 보여 줄 수 있다. 이렇게 젓가락을 확인시켜 준 뒤에, 나는 이렇게 멘트를 하는 것을 좋아한다.

"사랑은 서로 나누면 나눌수록 배가 된다는 말이 있죠!"

이 말이 끝나자 나무젓가락의 앞면에도 하트 그림이 두 개, 뒷면에도 하트 그림이 두 개인 것을 보여 주는 것이다. 이게 어찌된 일일까?

아이들이 나무젓가락의 하트가 두 개로 늘어난 것을 보는 순간, 다음 멘트도 잊지 않고 날려 준다. "여러분! 선생님은 여러분을 많이 많이 사랑합니다!"

그러고 나서 이 마술이 끝나게 된다. 흔하디흔한 나무젓가락이지만,

이렇게 멋지고 진심을 담은 마술로 보여 주면 박수를 받을 만하지 않은가 싶다.

나는 이 마술을 통해 아이들이 서로 사랑을 나눌 수 있고, 서로 이해해 주고, 도움을 주는 아이들이 되기를 소망한다. 나무젓가락은 어디서나 쉽게 구할 수 있고, 조금만 연습한다면 누구나 훌륭한 마술사가 될 수 있다. 소그룹 모임에서도, 동창회 모임에서도, 가정에서도, 식당에서도 음식을 주문하고 주문한 음식이 나오기 전에 이 마술을 보여 줄 수 있다.

이제 이 마술을 배워 보자.

배워봅시다

▲ 연출 영상

▲ 해법 영상

우리
선생님은
마법사

심혜정

교육마술지도사/동화구연지도사/어린이책 독서지도사

극단 예다움 대표

前 한국방과후교사아카데미 동화구연지도사과정 강사

MBC 〈뉴스매거진〉 '돈이 되는 취미' 출연

"얘들아, 너희들은 마술을 뭐라고 생각하니?"

내가 학생들과 만나는 첫 수업 때마다 어김없이 하는 질문이다. 마술을 어떻게 바라보느냐에 따라, 가르치는 교사와 배우는 학생들이 만들어 가는 수업의 방향이 달라진다고 생각하기 때문이다.

이 질문을 처음 받는 대부분의 학생들은 마술에 대해 "속임수"또는 "거짓말"이라고 대답한다. 틀린 말이 아니지만, 과연 우리가 배우는 것이 속임수와 거짓말뿐이라면 가르치고 배울 가치가 있는 걸까? 사람들은 가치가 없는 것에는 돈을 지불하지 않는다. "그럼 왜 마술을 배우고 공연을 보러 가는 걸까?"라고 물어보면, 학생들의 대답이 조금씩 바뀌기 시작한다.

마흔이라는 적지 않은 나이에 마술을 시작한 나는 마술이 주는 교육적 가치에 큰 의미를 두고 마술 강사로 활동하기 시작했다. 마술에 단지 재미와 신기함의 요소만 있다면 그저 흥미와 오락거리가 될 뿐, 당당히 교육 현장에 서지 못했을 것이다. 마술교육은 그 원리를 추리하는 과정, 연습해 내 것으로 만드는 과정, 그리고 다른 사람에게 보여 주는 과정에 교육적 가치가 있다. 집중해서 마술을 배우고, 그 마술을 성공할 때마다 아이들이 보여 주는 눈빛과 표정을 나는 사랑한다. 이 작은 성취감이 모여 자신감을 낳고, 자신감은 학생들이 인생을 설계하고 앞으로 나아가는 데 큰 역할을 할 것이다.

마술 강사로, 때로는 마술사로 활동하면서 내가 가르치고 보여 주는 마술에 신나하고 즐거워하는 사람들을 보면서 나 스스로에게 먼저 큰 변화가 있었다. 그리고 수업을 통해 학생들의 발표력이 향상되고 자존감이 높아지며 자신감을 찾아가는 모습에 교육자로서 느끼는 보람도 컸다. 마술이 학생들의 반복되는 일상에 활력소가 되길 바라며, 마술을 배우는 학생들의 삶에 긍정적인 요소로 작용하길 바라는 마음으로 오늘도 가르치고 있다.

처음으로 돌아가, 이 책을 읽는 여러분에게 마술을 뭐라고 생각하는지 물어보고 싶다. 마술이 어떤 이에게는 속임수와 거짓말로 느껴질 수도 있지만, 어떤 이에게는 상상하는 것을 현실에서 이뤄지게 하는 마법같이 보여질 수도 있다. 또 집중력과 창의력을 키우는 훌륭한 교육으로 느껴질 수도 있고, 마술을 통해 꿈과 희망을 갖게 될 수도 있다. 마술을 어떤 관점에서 보고 또 어떻게 보여지게 하고 싶은지가 중요하다는 말을 하고 싶다.

이 책에서는 그동안 학생들을 가르치면서 반응이 좋았고 교육적으로도 효과가 좋았던 마술을 소개하고자 한다. 배우면 누구나 쉽게 할 수 있는 마술들이다. 충분히 연습해서 여러분이 원하는 반응을 아이들로부터 이끌어 낼 수 있기를 바란다. 자, 그럼 이제 배워 보자. 잘 배워서 한 가지라도 수업 중에 멋지게 활용한다면, 아이들은 여러분을 두고 이 책의 제목처럼 "우리 선생님은 마법사"라고 이야기하게 될 것이다.

1.
컬러체인지 베니싱 CD 마술

방과후학교에서 학생들을 대상으로 10년 넘게 마술을 가르치면서, 학부모 공개수업 때마다 망설임 없이 선택했던 마술 도구들이 있다. 그중의 하나가 바로 '컬러체인지 베니싱 CD'마술이다. 이 마술은 일단 마술 현상의 비주얼이 뛰어나다. 그래서 초등학교 장기 자랑이나 발표회, 학예회에서도 많이 활용했던 마술이다.

검정 원판 세 개를 종이봉투에 넣고, 색깔 리본을 봉투 가운데 뚫린 구멍에 넣고 신호를 주면 검정 원판의 색깔이 리본과 같은 색깔인 빨강, 노랑, 파랑으로 바뀌어서 나오는 신기한 마술이다. 교사가 마술을 시연할 때면 원판의 색깔이 바뀔 때마다 학생들과 학부모들의 환호성과 박수가 터져 나온다. 이게 끝이 아니다. 이 마술의 하이라이트는 마지막의 반전에 있다. 마술을 보는 누구나 종이봉투 안을 의심하면서 가졌을 '이렇게 했을 거야.'라는 상상을 단번에 깨뜨려 주며, '어떻게 한 거지?'라는 호기심과 신비로움을 갖게 한다. 모두들 마술의 비밀을 궁금해하며 각자의 기억력과 상상력, 추리력을 총동원해 비밀을 파헤쳐 보지만 마술 도구를 확인해 보기 전까지는 비밀을 알아내기 어렵다. 학생들과 마술의 비밀을 추리해 가는 과정 또한 즐거운 마술이다.

이 마술의 장점은 마술의 신기함만 전달하고 가르쳐 주는 것으로 그치는 게 아닌, 교육적으로 다양한 접목과 메시지 전달이 가능하다는 것이다. 그리고 가장 중요한 장점은 조금만 연습하면 누구나 쉽게 멋진 마술을 할 수 있다는 것이다.

나는 이 마술을 학생들에게 가르칠 때 대략 세 가지 방법으로 가르쳤다.

첫 번째 방법은 검정 원판의 색깔이 바뀌고 사라지는 현상에 집중해 신기함을 멋지게 잘 표현할 수 있도록 무대 마술로 가르치는 것이다. 두 번째 방법은 마술의 현상에 맞는 이야기를 만들어 스토리텔링

매직으로 보여 주고, 학생들도 마술의 현상에 맞는 나만의 이야기를 만들어 볼 수 있도록 지도하는 것이다. 세 번째 방법은 이 마술을 통한 메시지 전달하기로, 학생들과 '환경보호'란 주제에 대해 생각해 볼 수 있도록 마술을 보여 주면서 학생들이 자신의 생각을 발표할 수 있도록 유도하며 수업을 하는 것이다.

실제로 중학교 수업에서 이 마술을 첫 번째 방법으로 보여 준 후 "마술은 원래 한 번만 보여 줘야 신기한 것이지만, 어차피 배울 거니 한 번 더 보여 줄게요."하면서 세 번째 방법인 환경보호란 주제로 마술을 다시 보여 줬다. 그랬더니 수업을 마치고 한 학생이 "마술이 신비함을 넘어서 사회적 메시지를 전달할 수 있고 선한 영향력을 끼칠 수 있다는 걸 수업을 통해 알게 되었습니다."라고 이야기해 줘서, 교사로서 보람이 있었던 마술이기도 하다.

신기하고 멋진 마술을 보여 줌으로써 주의를 집중시키고 호기심을 유발시키는 것뿐만 아니라 빨강, 노랑, 파랑색의 3원색과 연계하는 수업을 하는 것도 가능하다. 또한 계절과 관계 있는 수업, 인성, 환경보호와 같은 메시지를 전달하는 수업 등 다양한 수업 주제와 연결이 가능한 마술이 필요하다면 주저 없이 이 마술을 추천한다. 그러나 솔직히 말하자면, 이 마술이 주는 신기함 자체만 가지고도 여러분은 충분히 즐거운 수업을 할 수 있을 것이다.

배워봅시다

▲ 연출 영상

▲ 해법 영상

▲ 마술 도구 구입

2.
아쿠아 슬러시 마술

'과학일까? 마술일까?'라는 타이틀을 내건 TV 프로그램이나 마술 공연 등이 있을 정도로, 마술의 비밀 가운데는 과학의 원리와 현상을 이용한 마술들이 생각보다 많다. '사이언스 매직'이란 말이 그냥 만들어진 게 아니다. 과학과 연계해서 수업하기에 딱 좋은 마술을 한 가지 소개하려 한다. 실생활에서도 이 마술의 원리와 현상을 활용한 생활용품들이 많아서, 아이들의 호기심과 관심을 불러일으키기에 좋은 마술이다. 바로 '아쿠아 슬러시'라는 마술인데, 내가 이 마술을 처음 본 것은 버스킹 공연에서다.

　마술사가 관객들 중 한 명을 무대로 데리고 와서 컵 두 개에 물을 따른 후 하나는 관객의 머리 위에, 또 다른 하나는 마술사의 머리 위에 올려놓는다. 처음에 무대 위의 관객이 주문을 거는 동안 마술사는 무대 위의 관객이 눈치채지 못하게 재빨리 컵의 물을 마셔 버리고는 컵의 물이 사라졌다면서 보여 준다. 코미디로 여긴 객석의 관객들이 웃고 있을 때 이 마술의 반전이 일어난다. 이번엔 반대로 마술사가 주문을 걸자 관객 머리 위의 물이 진짜로 사라져 버린다.

　나는 수업 시간에 이 마술을 두 가지 다른 연출로 보여 주고 가르쳤다.

　첫 번째 연출은 세 개의 컵 중에 한 곳에만 물을 따른 후 학생들에게 "물이 들어 있는 컵을 찾아라!"라는 미션을 주고 게임처럼 마술을 진행하는 것이다. 처음엔 학생들이 쉽게 맞힐 수 있도록 보여 주고, 그다음에는 모든 컵을 뒤집어 놓으면서 "물이 사라졌다."라는 연출로 보여 주면 아이들은 신기해하며 마술의 미궁 속으로 빠져들게 된다.

　두 번째 연출은 교사가 목이 마른 듯 컵에 물을 따른 후 마시려다 옆에 준비해 놓은 종이를 깔때기 모양으로 말아 컵의 물을 붓고는 주문을 걸어 준다. 그러자 놀랍게도 물은 사라지고 공중에 종이 가루만 휘날리게 된다. 아이들의 눈은 휘둥그레지며 자연스럽게 놀라움의 박수를 치게 된다.

이 마술의 장점은 처음에도 얘기했듯이 신기함만 주는 것이 아닌 과학의 원리를 함께 알아 가는 수업이 가능하다는 것이다. 마술을 보여 주고 아이들과 같이 마술의 비밀을 추리하며 원리를 알아 가는 과정을 실험을 통해 배우기 때문에 교육적으로도 무척 훌륭하다. 자료를 준비해 이 마술의 현상을 과학 퀴즈로 낼 수도 있고, 실생활에서 사용되고 있는 물건을 실제로 보여 주거나 사진을 활용해 함께 찾아보는 활동을 해도 좋을 것이다.

신기한 마술뿐만 아니라 과학 상식까지 알려 주는 멋진 선생님으로 아이들의 인기를 한 몸에 받고 싶다면 이 마술을 강력히 추천한다. 학부모님들의 평가와 반응도 당연히 좋을 것이다.

배워봅시다

▲ 연출 영상

▲ 해법 영상

▲ 마술 도구 구입

3.
레인보우칩 마술(6색 예언의 칩)

사람이 가진 능력의 한계를 뛰어넘는 힘을 우리는 '초능력'이라고 부른다. 이번에 소개할 마술은 초능력 중에서도 예지능력에 관한 마술이다. '예언 마술'또는 '프리딕션 매직'이라고 하는데, 사람들은 뭔가 논리적인 비밀이 있다는 걸 뻔히 알면서도 신기해할 수밖에 없는, 묘한 매력이 있는 마술이다.

교사는 테이블 위에 동그란 칩 여섯 개와 봉투 하나를 놓으며, 도와

줄 학생이 한 명이 필요하다고 말한다. 앞으로 나온 학생에게 여섯 개의 칩 중에서 한 개를 손가락으로 콕 찍어 고르라고 한다. 학생이 칩을 선택하면 그 칩을 봉투 위에 올려놓는다. 교사는 학생이 어떤 선택을 할지 미리 알고 있었다면서, 미래를 보고 왔다는 말도 안 되는 얘기를 하기 시작한다. 그 증거로 봉투 속에 학생이 선택하게 될 칩의 색깔을 종이에 미리 적어 왔다고 한다. 교사의 말이 진짜인지 거짓인지 모두의 시선이 집중된 가운데, 학생이 선택한 칩과 교사가 미리 적어 왔다는 봉투 속 증거를 동시에 확인하는 순간 놀라움의 박수가 터져 나온다.

모든 마술이 신기하지만 특히 예언 마술만이 주는 신비로움이 있다. 학생들은 예언 마술을 보면서 만약에 다른 선택을 해도 교사가 맞힐 수 있을까 하는 의구심과 호기심을 동시에 가지게 되니 말이다. 혹시 다른 칩들의 색깔도 다 똑같은 거 아니야, 하며 의심을 하게 되는데, 이때 다른 칩들의 색깔이 모두 다르다는 것을 확인시켜 주면 학생들은 다시 한번 놀라게 된다.

레인보우칩 마술은 "나는 네가 어떤 선택을 할지 미리 알고 있었다."라는 초능력 마술을 보여 주고 가르쳐 주고 배우는 과정만으로 끝나는 것이 아니다. 마술 수업을 하면서 학생들과 함께 '예언'이라는 단어의 의미를 짚어 보고, '초능력'을 가질 수 있다면 어떤 초능력을 가지고 싶은지, 만약에 미래를 볼 수 있다면 어떤 것을 보고 싶은지 한 가지씩 생각해 보고 얘기해 봄으로써, 학생들의 생각을 공유하는 즐거움을 누릴 수 있는 마술이다.

사람들에게 예언 마술이 주는 신비로움으로 주목받고 싶다면, 또는 마술로 신기함만을 전달하는 것이 아닌 공감과 소통의 도구로 수업을 진행하고 싶다면. 그런 선생님들께 이 마술을 적극 추천한다. 마술을 가르쳐 주는 것만으로 끝나는 게 아니라 학생들과 초능력, 예언, 타임 머신이라는 주제로 얼마든지 확장 수업이 가능하기 때문이다.

배워봅시다

▲ 연출 영상

▲ 해법 영상

▲ 마술 도구 구입

4.
드림백 마술

어린이날이나 크리스마스와 같은 특별한 날에 이벤트 성격이 강한 수업을 하고 싶을 때 떠오르는 마술이 있다. 바로 '드림백'이라는 마술인데, 이름부터 예사롭지 않다. 나의 해석대로라면 '꿈의 가방'또는 '마술사의 꿈을 이뤄 주는 가방'이란 뜻인데, 실제로 이 마술을 해 보면 왜 그런 의미로 다가왔는지 고개가 끄덕여질 것이다.

교사가 봉투를 하나 들고 나와 봉투 안을 보여 주는데 속이 텅 비어 있다. 학생들에게 다가가서 확인시켜 준 후 공중에서 뭔가를 잡아 봉투 안에 넣어 주는 동작을 취한다. 그러자 놀랍게도 빈 봉투에서 반짝거리는 예쁜 꽃 상자가 하나 나온다. 다시 봉투 속을 보여 주는데 여전히 아무것도 없다. 하지만 교사가 주문을 걸자 비어 있는 봉투에서 보란 듯이 반짝이는 꽃 상자가 또다시 생겨난다. 이 마술이 주는 신비한 매력은 처음에 눈으로 봉투 속을 확인할 수 있다는 점이다. 그 비어 있는 봉투 안에 도저히 숨길 수 없을 것 같은 크기의 꽃 상자가 거기서 나오는데, 어찌 신기하지 않을 수 있을까? 이것을 똑같은 과정으로 한 번 더 보여 줄 수 있으니 신비함은 두 배가 된다.

특별한 날에 이벤트로 이 마술로 활용하고자 할 때는 봉투의 역할을 100퍼센트 활용하면 된다. 봉투에 학생들과 재미있게 시간을 보낼 수 있는 마술 도구, 퀴즈를 맞혔을 때 선물로 줄 수 있는 사탕이나 초콜릿, 요술 풍선, 메시지 카드, 갈런드garland 등으로 채워 보자. 그러고는 선물을 가지고 왔다고 하면서 봉투 속에 들어 있는 것들로 학생들과 즐거운 시간을 보내면 된다. 맨 마지막 물건을 꺼내고 나서 봉투 속을 보여 주며 "이제 봉투 속에는 아무것도 남은 게 없어요."라고 말하고, 학생들과 같이 주문을 걸고 이 마술의 신기한 현상을 보여 준다. 그러면 학생들은 기다렸다는 듯이 열렬한 박수와 환호를 보내 준다.

이 마술의 장점은, 마술을 보는 사람들의 시선과 각도의 제한을 받지 않는다는 것이다. 학생들이 교사 앞에서 옆에서 심지어 뒤에서 봐도 트릭이 노출되지 않는다. 교육용이 아닌 무대 마술용 드림백은 크기가 훨씬 커서, 봉투의 크기에 따라 넣을 수 있는 물건의 가짓수도 달라진다. 그렇기 때문에 어떻게 활용하냐에 따라, 이 마술 도구 하나로 학생들과 오랫동안 즐거운 시간을 보낼 수 있다.

　마술 도구 하나로 수업 시간이 너무 짧다고 생각하거나, 학생들에게 마술로 이벤트 혹은 파티 분위기를 내주고 싶은 선생님들께 이 마술을 적극 추천한다. 대신 봉투 속에서 나타나는 꽃 상자 외에 무엇을 넣을지 선택하는 것은 교사의 몫이다. 드림백과 연결해서 보여 주면 좋을 마술 도구, 종이접기를 할 수 있는 색종이, 메시지를 작성할 수 있는 카드, 다양한 모양을 만들 수 있는 요술 풍선 등을 미리 넣어 놓는다면 신기한 마술을 보여 주고 배우면서 다양한 활동이 가능할 것이다.

배워봅시다

▲ 연출 영상

▲ 해법 영상

▲ 마술 도구 구입

5.
서프라이즈 글라스 마술

이 마술은 유치원 공연 때 '콜라병 사라지게 하기'마술과 연결해서 자주 사용하던 마술이다. 앞서 소개한 드림백과 함께 수업 시간에 연출했을 때도 반응이 좋아 소개해 보고자 한다. 트릭 자체가 단순하기 때문에 살짝 코믹적인 요소를 더해 연기하면서 보여 주면 더 좋다.

교사가 신문지 한 장을 손에 들고 앞뒤로 이상이 없다는 것을 보여 준다. 신문지를 깔때기 모양으로 만들어 그 안에 컵을 넣고 음료수를 따르려다, 신문지에서 컵을 빼내고 음료수를 따르는데 신기하게도 신문지가 젖지를 않는다. 학생들이 "어떻게 된 거지?"하는 호기심 어린 눈빛을 보낼 때 교사는 기다렸다는 듯이 밖에 있던 컵을 신문지 안에 넣고 신호를 준다. 그러자 놀랍게도 신문지에 따랐던 음료수가 컵에 채워져서 나오게 된다.

나는 수업을 할 때마다 학생들로 하여금 마술의 원리와 비밀을 추리하게 하는 데 꽤 많은 시간을 할애한다. 처음에는 "몰라요.", "그냥 빨리 가르쳐 주세요."라고 말하던 학생들도 수업을 거듭하면 할수록 관찰력에 상상력을 더해 자신의 생각을 창의적으로 표현한다. 때로는 교사인 내가 깜짝 놀랄 정도로 논리적으로 말하는 것을 경험하곤 한다. 이 마술은 추리를 계속하다 보면 학생들이 대체적으로 정답에 가까운 표현을 해서 칭찬을 많이 해 주곤 하는 마술이다. 이 책을 읽는 여러분도 학생들이 마술의 비밀을 말한다면 "좋은 아이디어인데?"또는 "어떻게 그런 생각을 했지?"라며 칭찬해 주길 바란다. 대신 마술을 보는 도중에는 비밀을 눈치채도 말하지 않도록, 사전에 마술을 보는 에티켓에 대해 설명해 주는 것이 좋을 것이다.

앞서 소개한 드림백과 연결해서 이 마술을 할 때는, 드림백의 봉투 역할을 활용해 드림백 속에 미리 넣어 둘 여러 가지 이벤트용 소품과 함께 콜라와 서프라이즈 글라스를 넣어 놓는다. 교사는 드림백에서 콜라를 꺼내 "맛있게 먹으려면 컵이 필요하겠죠?"라며 컵을 꺼내 콜라 뚜껑을 따고는 콜라를 따르는데, 실수로 콜라를 봉투에 따른다. 난감한 표정을 짓다가 좋은 생각이 떠오른 듯 컵을 봉투에 넣고 시간을 되돌리겠다며 학생들과 함께 주문을 걸자 신기하게도 컵에 콜라가 채워져 나오고, 학생들은 놀람의 박수를 치게 된다. 드림백과 함께 연출한다면 신기함을 배로 줄 수 있는 간단하면서도 효과 좋은 마술이니, 이벤트가 필요한 특별한 날 이 마술로 학생들과 즐거운 추억을 남겨보길 바란다.

배워봅시다

▲ 연출 영상

▲ 해법 영상

▲ 마술 도구 구입

6.
하트 스펀지 마술

자신의 마음을 표현하는 것을 어려워하는 사람들이 있다. 친구에게 가족에게 또는 소중한 사람들에게 자신의 마음을 말로 전하는 것이 힘들다면 마술의 힘을 빌려 보자. 그 마음이 감사의 마음이든 사랑의 마음이든 격려와 위로의 마음이든 좋은 것일수록 더 많이 전하고 싶을 것이고, 이왕이면 그 마음이 크다는 걸 알려 줄 수 있다면 더 좋지 않겠는가? 여기에 딱 맞는 마술이 있어 소개해 보려 한다.

교사가 학생들에게 "친구들을 향한 선생님의 마음이에요."라고 말하며 주머니에서 하트 스펀지 하나를 꺼내 보여 준다. 학생 한 명의 손에 하트 스펀지를 쥐여 주면서 "늘 열심히 수업에 참여해 줘서 고마워요."라고 말한다. 그러고선 주머니에서 하트 하나를 더 꺼내 학생의 손으로 날리는 동작을 취하자, 학생의 손안에 있던 하트 스펀지가 두 개로 늘어나고, 학생들은 놀라움의 환호성을 지르게 된다. 교사는 그 하트 스펀지 두 개를 옆에 있던 다른 학생에게 쥐여 주며, 앞서 했던 대로 주머니에서 하트를 꺼내 학생의 손으로 날리는 동작을 취한다. 그러자 또다시 학생의 손안에 하트 스펀지가 세 개로 늘어나고, 교사는 동일한 동작으로 하트 스펀지를 네 개까지 늘어나게 한다. 학생들이 신기해하면서 자신들도 교사의 하트 스펀지를 받고 싶어할 때쯤. 교사는 하트 스펀지 네 개를 모아 입김을 '후'하고 불어 준다. 그러자 작은 하트들이 커다란 하트로 변하게 되고 학생들은 감탄의 박수를 보내주게 된다.

이 마술의 장점은 앞서 얘기했듯이 마술을 하는 사람의 마음을 상대방에게 전할 수 있다는 점이다. 필자는 학생들에게 하트 스펀지라는 마술을 통해 은연중에 감사의 마음과 신기함을 동시에 전했다.

여러분들은 누구에게 마음을 전하고 싶은가? 친구, 연인, 가족, 배우자? 아니면 학생들, 선생님…. 그 누구에게든 상대방의 손을 잡고 하트 스펀지를 쥐여 주며 이동시키고 늘어나고 커지는 변화의 마술을 통해 당신의 마음을 잘 전달할 수 있을 것이다. 꼭 '마음을 전한다'는 것에 포커스를 맞추지 않아도 된다. 이 마술은 현상 그 자체만으로도 보는 사람들의 눈을 신기함으로 사로잡을 수 있을 테니까 말이다.

수업 시간에는 학생들에게 마술의 현상을 신기하게 표현할 수 있도록 가르쳐 준 후, 이 하트가 내 마음이라고 했을 때 누구에게 마음을 전하고 싶은지 생각해 보라고 한다. 연습할 때도 그 대상을 생각하면서 마술을 할 수 있도록 지도하는데, 학생들이 생각한 대상은 대부분이 첫 번째가 부모님과 가족이고, 학원과 학교 선생님, 그리고 친구다. 이렇게 가르쳐서 보내면 곧바로 학부모님들께 문자가 온다. 자녀가 표현하는 사랑과 감사의 마술에 너무 감동했고 덕분에 마술로 행복한 시간을 보낼 수 있었다는 감사의 문자다.

간혹 마술을 사기 또는 눈속임이라고 생각하는 사람들이 있는데 마술은 '마음을 전하는 기술'이다. 하트 스펀지 마술을 통해 신기함과 감동을 동시에 전해 보길 권한다. 한 가지 덧붙이자면, 하트 스펀지의 보드랍고 폭신한 느낌이 정서 안정에 큰 도움을 주는데 이것은 촉감 놀이의 역할 중 하나이기도 하다. 스펀지 모양도 사랑과 심장을 뜻하는 '하트'이지 않은가?

▲ 연출 영상

▲ 해법 영상

▲ 마술 도구 구입

7.
자동 지폐 마술

눈앞의 물건에 손을 대지 않고 움직이게 할 수 있다면 얼마나 신기할까? 마술 도구가 아니라 우리가 흔히 사용하는 물건이라면 더 신기할 것이다. 초등학교 방과후학교 수업에서 첫 수업 시간에 가장 많이 보여 주고 가르쳤던 마술을 소개하려고 한다. 이름이 '자동지폐'다. 풀어 쓰면 '스스로 움직이는 지폐'다.

교사가 주머니에서 만 원짜리 한 장을 꺼내서 앞뒤로 이상이 없다는 것을 보여 준다. 지폐를 손바닥 위에 올려놓은 후 공중에서 마법의 가루를 잡아 뿌리는 시늉을 하면서 손짓을 하자, 신기하게도 지폐가 저절로 접히기 시작하고 학생들은 놀라움의 탄성을 내뱉는다. '이 정도쯤이야.'하는 표정으로 주머니에 지폐를 넣은 교사는 학생들에게 "어떻게 했을까요?"라고 물어보면서 비밀을 맞혀 보라고 한다. 학생들의 이런저런 대답에 맞장구를 치며 들어 준 교사는 주머니에서 지폐를 꺼내 학생들에게 해 보라고 주는데, 학생들이 아무리 애써 봐도 될 리가 없다.

지폐가 스스로 움직인다는 마술 자체가 마법같이 보이기 때문에 이 마술을 처음 보는 사람들은 자기 눈을 의심하면서 보게 된다. 또한 상대에게 직접 해 보라면서 지폐를 확인시켜줄 수 있다는 점 때문에 마술을 보는 사람들에게 더 큰 놀라움을 줄 수 있다.

나는 수업을 할 때 진짜 지폐를 사용해 시연을 하고, 학생들에게 가르칠 때는 마술용으로 나온 지폐를 사용했다. 이 마술의 장점은 지폐로 하는 수업이기에 돈과 관련된 이야기를 하면서 자연스럽게 지폐에 그려진 인물과 업적 등 역사, 경제 교육과 연계해 수업을 할 수 있다는 점이다.

"우리 선생님은 마법사야."라는 말을 듣고 싶은 선생님들께 마법 같은 현상의 이 마술을 추천한다. 마술을 하기 위해 따로 마술 도구를 구매할 필요가 없다는 점이 이 마술의 또 다른 장점이기도 하다. 학생들이 초등학교 고학년 이상이면 원리를 설명해 주고 학생들과 함께 마술 도구를 만들어 보는 수업으로 진행해도 좋다.

아울러 꼭 지폐와 관련된 교육적인 부분을 강조하며 수업을 하지 않아도 된다. 핼러윈 데이와 같은 날 으스스한 분위기를 연출하고 싶을 때 이 마술을 활용하면 좋다. 유령의 힘을 빌려 지폐에 손을 대지 않고 접어 보겠다는 한마디와 함께 손짓만으로 지폐가 접힌다면 지폐가 움직일 때마다 학생들의 환호성과 함께 핼러윈 데이의 분위기는 깊어 갈 것이다.

배워봅시다

▲ 연출 영상

▲ 해법 영상

▲ 마술 도구 구입

이미자

마술 강사
現 경상북도교육청문화원 위촉 마술 강사
前 김천시평생교육원 마술 강의
前 포항유아교육체험센타 마술 강의

'마술'하면 떠오르는 단어가 있다면 어떤 것들일까? 신기함, 마술 모자, 지팡이, 비둘기, 미녀 등 여러 가지가 있을 것이다.

내가 마술 강의를 할 때 학생들에게 이런 질문을 하면 "속임수Trick"라는 단어를 많이 듣게 된다. 그럴 때마다 "마술을 보고 속았다는 기분에 속상한 적이 있었니?"하고 물어보면, 모두들 한결같이 "없었어요."라고 한다. 왜 그럴까? 마술에는 상대방을 기쁘게 하는 '비밀'이 있기 때문이라고 나는 생각한다.

이렇게 상대방을 기쁘게 하는 비밀이 있는 마술을 통해 학생들과 함께 소통하는 재미와 멋을 느끼며, 10년 가까이 마술 강사로 활동하고 있다.

원래 직업은 영양사였지만 출산과 육아로 인해 일을 쉬고 있던 중, 우연히 YWCA에서 '경제지도사'라는 강의를 통해 마술을 만나게 되었다. 강사분께서 마술을 접목해 강의를 하셨는데, 나를 비롯한 많은 수강생들이 경제보다는 마술에 더 관심을 가졌다. 나 또한 마술을 만나기 전에는 '마술은 속임수다.'라고 생각을 해 왔었지만, 마술을 배우는 수강자 입장에서 바라보니 의심은 커녕 신기하기만 했다. 교회에서 주일학교 선생님을 해 온 터라, 아이스 브레이킹으로 학생들에게 보여 주면 좋겠다는 작은 목표를 시작으로 마술을 꾸준히 배우게 되었다. 그러다 보니 강의뿐만 아니라 무대 공연과 마술 대회에도 도전하게 되었으며 지금은 마술 강사가 제2의 직업이 되었다.

또한 '마술'하면 멋진 무대와 조명, 음악과 퍼포먼스가 있는 무대 마술 stage magic이 떠오를 것이다. 이런 무대 마술이 매력적으로 다가오지만, 무대 위에 선다는 것이 내성적인 나에게 그리 쉬운 일이 아니었다. 그렇다고 포기하거나 외면할 수는 없었다. 화려하진 않지만 무대 마술은 늘 새롭고, 끝없이 나를 도전하게 만들었다. 그리고 마술로 소통하면서 멋과 기쁨을 나누고 마술로 인해 자신감을 얻고 긍정적으로 변화하는 학생들의 모습에 큰 보람을 느끼고 있다.

이 책을 통해 내가 현장에서 학생들과 즐겁게 소통하며 자주 활용했던 마술 몇 가지를 소개하고자 한다. 연출 영상을 보고 해법 영상을 참조하면 누구나 쉽게 이해하고 활용할 수 있으며, 무엇보다 복잡한 준비가 필요 없는 간단한 도구들로 구성되어 있다. 이 마술들을 잘 활용하면 두 명이 있는 좁은 공간이나 다수가 있는 넓은 강의실이나 모두 상관없이 당신은 그 곳을 즐거운 소통의 공간으로 만들 수 있는 능력자가 될 것이다.

1.

무지개 카드 마술(레인보우 카드)

'카드 마술'이라고 하면 현란하게 카드를 섞거나 빈 손에서 카드가 계속 나타나는 장면들이 떠오를 것이다. 하지만 이 마술은 원리를 이해하고 몇 가지 규칙만 지킨다면 누구나 쉽게 할 수 있다. 카드 마술에서 일반적으로 사용되고 있는 카드에는 다양한 모양, 숫자, 알파벳 등으로 구성되어 있어서, 평소 카드를 다루지 않는 학생들에게 카드를 기억하라고 하면 돌아서서 잊어버리는 경우가 종종 있다. 하지만 무지

개 카드는 색깔, 단어, 과일 그림 등으로 구성되어 있어 유치원생이나 저학년 학생들에게도 쉽게 다가갈 수 있다. 그리고 마술을 하면서 자연스럽게 영어 단어 교육에도 활용할 수도 있다.

　교사가 일곱 장의 색깔 카드를 하나씩 나열하며 보여 준다. 그리고 각 색깔에 해당하는 과일 카드를 하나씩 소개하며 나열한다. 총 열네 장의 카드를 모아, 교사만 섞는 것이 아니라 관객 중 한 학생을 참여시켜 섞도록 한 후 반반씩 나눠 가진다. 교사가 제시하는 학년 놀이를 하고, 신호와 함께 둘 다 맨 위의 카드를 뒤집는다. 그런데 놀랍게도 카드의 색이 같은 것이 아닌가? 우연일까? 분명 교사만 카드를 섞은 것이 아니라 학생도 섞었을 텐데 말이다.

　이 마술의 비밀에는 간단한 수학적 원리가 들어 있다. 결과가 수학 공식처럼 당연하다. 당연한 것이 왜 마술인가? 마술은 그 무엇보다도 정직하고 정확하다. 마술에 있어서 트릭이나 기술 부분은 물리적인 부분을 사용하고, 현상은 신비적인 부분을 사용한다. 누구나 당연하다고 생각하는 것을 마술사는 남다른 관찰력으로 보고, 사람들이 가지고 있는 고정 관념을 깨려고 노력하며, 당연한 것을 신기하게 표현하고자 노력한다. 그래서 해법만 알았다고 만족해하지 말고, 연출을 통해 마술을 좀 더 신기하고 풍성하게 활용하도록 하자.

　그동안 마술 강의를 해 오면서, 특히 저학년 학생으로부터 기대 반

의심 반의 눈빛과 함께 "선생님 비둘기 마술 할 줄 알아요?", "토끼 나와요?"하는 질문을 많이 듣곤 한다. 그럴 때 나는 "비둘기와 토끼는 미안하지만 못 데려왔어요. 그 대신 선생님이 더 재미있는 카드 마술 준비했는데 한번 보여 줄까요?"라고 이야기하면 학생들의 눈망울은 새롭게 초롱초롱해진다. 휴지나 카드 하나라도 마술의 현상을 좀 더 이해하고, 학생들이 신기해하고 즐거울 수 있도록 연출하고자 해 보라. 그러면 학생들은 '비둘기, 토끼'보다 더 신기한 마술을 체험했다고 즐거워하며 호감 가는 선생님으로 당신을 기억할 것이다.

배워봅시다

▲ 연출 영상

▲ 해법 영상

▲ 마술 도구 구입

2.
로프 마술

   이 마술은 1미터 조금 넘는 길이의 로프 하나만 있으면 된다. 로프에는 어떤 트릭도 별다른 준비도 필요 없다. 교사는 주머니에서 하나의 로프를 꺼내 학생들에게 미션을 제시한다. 미션을 통해 학생들의 호기심을 자극하고 학생 스스로가 도전하도록 마술로 소통하다 보면, 학생들은 어느덧 자신도 모르게 불가능이 가능으로 다가오는 것을 느끼며 마지막에는 함성을 터트리게 된다.

"로프를 양손으로 각각 한 번만 쥐고 매듭을 묶어 보자!"이 미션은 당연히 쉽지 않다. 교사의 질문에 학생들은 이렇게 저렇게 시도해 보지만 로프는 야속하게도 원상태로 돌아간다. 그러자 교사는 해법을 가르쳐 주겠다고 하면서, 하지만 눈으로 보고도 직접 하지는 못할 것이라고 예언을 한다. 그러고는 눈 깜짝할 사이에 묶어 버린다. 무척 간단한 것 같아서 학생들은 금방 따라 해 본다. 하지만 교사의 예언처럼 쉽게 매듭이 생기지 않는다. 이렇게 불가능하다고 생각하는 것들을 가능하게 하기 위해서 마술사들은 늘 남다른 관찰력으로 노력하고 연구한다. 이제부터 남다른 관찰력으로 다시 한번 본다면 따라 할 수 있지 않을까? 하지만 이번에도 쉽게 되지 않는다. 마지막으로 교사의 설명과 함께 천천히 하다 보니 어느 사이에 로프에 매듭이 생겼다. 그 매듭을 바라보면서 스스로를 칭찬한다. 그리고 이내 두리번거린다. '나드디어 해냈어. 이거 봐!'라고 생각할 것이다.

두 번째 미션으로 교사는 로프를 양손에 쥔 상태로 매듭을 묶어 보자고 한다. '저게 가능해?'하는 눈빛으로 멍하니 교사를 바라보니 어느덧 로프에 매듭이 하나 생겼다. 이번에는 마법의 가루를 뿌리자 매듭이 사라진다. 도대체 어디로 간 것일까? 손안에도 없다. 진짜 마법의 가루인가? 이때 교사가 공중으로 로프를 던지자 다시 매듭이 나타난다. 학생들은 다시 한번 함성을 터트린다. 확인해 보니 이건 진짜 매듭이 아닌가?

나도 할 수 있을까? 할 수 있다. 불가능을 가능하게 하기 위해서 내가 먼저 도전하면 된다. 동영상을 여러번 반복해서 보라. 교사만 로프를 갖고 진행해도 되지만, 학생들에게 하나씩 로프를 나눠 주고 처음부터 단계별로 미션을 해결해 가는 방식으로 진행을 할 수도 있다. 단계별로 이뤄지기 때문에 실패를 하더라도 자연스럽게 반복하는 과정 속에서 문제를 해결해 나갈 것이다. 그리고 교사의 신기한 로프 마술을 보여 주며 불가능을 가능하게 하기 위해서는 관심과 노력이 중요하다는 것을 강조하며 학생들의 시선을 집중시킨다.

배워봅시다

▲ 연출 영상

▲ 해법 영상

▲ 마술 도구 구입

3.

멜트 카드 마술

'멜트melt'는 '녹다, 녹이다'라는 뜻이다. 나는 영어를 잘 못하지만 이 단어만큼은 잊을 수 없다. 이 마술을 본 모든 관객 또한 이 단어가 잘 잊히지 않을 것이다.

이 마술은 수첩 안에 든 한 장의 카드가 녹아 다른 카드에 묻어나는 마술이다. 수첩 하나면 충분하기에 휴대가 용이하고 학생 한 명을 불러 내어서 진행하기 때문에 즐겁게 소통하는 시간을 가질 수 있다.

교사는 검정색 수첩 하나를 주머니에서 꺼낸다. 그리고 수첩의 이름과 의미에 대해 이야기를 한다. 학생 한 명을 무대 위로 초청해서 수첩 안에 든 두 장의 카드를 손바닥 사이에 끼워 넣고는 수첩의 뜻처럼 녹여 보겠다고 한다. 진짜 손바닥에서 열이 나는 걸까? 학생은 자신의 손을 쳐다보자 교사는 조심스레 카드를 꺼낸다. 어떻게 되었을까? 두 장의 카드 중 한 장의 내용이 사라져 버렸다! 어디로 간 것일까? 아니, 다른 카드 뒷면에 묻어 있는 것이 아닌가! 정말 카드가 녹은 것일까?

내가 처음 이 마술을 접했을 때, 진짜로 손바닥의 체온으로 카드의 내용이 녹았다고 착각을 할 정도로 신기했다. 물론 사람의 체온으로 카드의 내용을 변화시키는 마술 도구도 있다. 당연히 가격도 비싼 데다 온도가 내려가면 다시 원상태로 돌아오기 때문에 오랫동안 노출시킬 수가 없다. 하지만 이 마술 도구는 가격도 무척 저렴하고 카드 내용이 녹아서 변화된 것을 관객에게 확인시켜 줄 수도 있다.

처음부터 카드가 총 네 장이 아니었을까? 어느 순간에 카드가 바뀌었을까? 그럼 그 카드들은 어디에 있었을까? 무척 신기하고 궁금했었다. 나중에 해법을 알고 난 뒤 한 번 더 놀랐다. 우리가 일상생활 속에서 충분히 접할 수 있는 것이었는데 마술로 만나니 신기함으로 다가왔기 때문이다. 어떤 사람들은 해법을 알고 나면 전혀 예상을 못 했으면서도 "역시 그럴 줄 알았어!"하며 시시하게 생각하는 경우가 있다. 맞는 말이기도 하다. 해법을 알고 나면 더 이상 그 마술은 신비하지 않고 마술사의 노력은 그냥 말장난에 지나지 않기 때문에 신비함을 유지하기 위해 해법을 쉽게 노출하지 않아야 한다.

마술사들은 사람들이 당연하다고 생각하는 것에 대한 고정 관념을 깨고, 사물의 현상을 깊이 관찰하고, 마술을 신비적으로 표현하기 위해 깊이 생각하고 노력하고 있다. 그 노력에 박수를 보내며 자신의 것으로 만들어 보고 활용해 보자. 주머니 안에 수첩 하나면 준비 끝이다. 그리고 학생을 불러낼 때 일부러 몸에 열이 많은 학생을 나오도록 하면 더욱 실감이 나고 재미있을 것이다. 마무리할 때는 "마음이 따뜻한 사람은 손도 따뜻하다는군요."하고 그 학생에게 칭찬과 박수를 보내며 마무리하면 더욱 훈훈한 시간이 될 것이다.

배워봅시다

▲ 연출 영상

▲ 해법 영상

▲ 마술 도구 구입

4.
박수 카드 마술

박수!♥

박수는 모두를 즐겁게 한다. 박수가 필요한 상황에서 학생들이 자연스럽게 박수를 치도록 유도해 그다음 진행을 매끄럽게 연결할 수 있는 재미있는 방법은 없을까? 고민할 때 이 '박수 카드' 마술을 추천한다.

교사는 학생들에게 '선물'이라는 주제를 가지고 이야기를 시작한다. 물론 연령과 성별에 따라 대화의 내용은 달라질 수 있다. 하지만 항상 마무리는 "선생님도 이 시간 여러분에게 받고 싶은 선물이 있는데 카드에 적어 두었어요."라며 궁금증을 자아낸다. 하지만 카드는 앞면이나 뒷면에도 아무 내용이 없는 백지다. 그러면 "여러분들을 향한 선생님의 메시지를, 선생님이 직접 프린트 기계가 되어 프린트해 보겠습니다."라는, 말도 안 되는 소리를 한다.

그리고 교사는 프린트 기계음 같은 소리를 내며 손안에 있는 카드를 밀어내는데, 어느새 손안에 있는 카드의 글씨가 보이기 시작한다. 학생들은 무슨 글자인지 궁금해하며 교사의 손에 들려진 카드를 집중한다. '박…수?'

여기저기 웃음과 함께 박수가 터져 나온다.

여러분이 애써 만든 특별한 프로그램들을 시작하기 전, 학생들의 집중을 유도하고 싶을 때 이 박수 카드를 활용해 보길 추천한다. 이 마술을 한 이후에도 학생들의 호응과 박수가 필요한 순간이 오면 한마디씩 던진다. "제가 받고 싶은 선물이 뭐라고요?"눈치가 있는 학생들이라면 웃음의 박수가 저절로 나올 것이다.

물론 학생들과 충분히 선물이라는 주제로 이야기를 재미있게 나누고 자신감 있는 연출이 먼저 선행되어야 하겠으나 노력은 배신하지 않는다. 마술에서 가장 중요한 것은 연습이기 때문이다. 거울을 보고 연습을 하다 보면 자신감이 생기고 호기심 가득한 즐거운 박수 소리가 들려올 것이다. 꼭 '박수'가 아니더라도 상황에 맞게 전달하고 싶은 메시지(고마워, 파이팅, 축하해, 사랑해 등)를 활용하면 상대방은 그 메시지의 의미를 두 배로 받을 것이다.

배워봅시다

▲ 연출 영상

▲ 해법 영상

5.
숫자 카드 마술

이 마술은 상대방이 선택한 숫자를 알아맞히는 마술이다. 여러 숫자가 인쇄되어 있는 다섯 장의 카드가 전부다. 카드를 직접 학생들에게 확인시켜 주어도 되고, 참여하는 학생을 다른 사람으로 바꿔 가며 여러 번 해도 상관없다. 학생이 생각한 숫자를 교사가 알아맞히는 동안은 학생 모두가 한 팀이 되어 교사에게 시선이 고정될 것이며, 교사가 정답을 알아맞히면 학생들 모두가 자신이 해낸 일처럼 함께 즐거워하는 시간이 될 것이다.

 교사는 숫자가 인쇄되어 있는 여러 장의 카드를 앞뒤로 보여 주고 한 학생을 앞으로 초대한다. 초대된 학생에게 교사를 제외한 모든 학생들이 알 수 있도록 자신이 생각하는 숫자를 표현하도록 한다. 교사는 모든 학생들이 참여할 수 있도록 숫자 카드를 보여 준다. 그리고 텔레파시를 보내 달라고 한다. 과연 맞힐 수 있을까? 이 순간부터 학생들은 교사가 특별한 존재로 느껴지기 시작할 것이다. 교사의 말 한마디, 그리고 표정 하나도 놓치지 않으려 할 것이다.

 이 마술은 어린이들뿐만 아니라 성인들도 무척 신기해한다. 그런데 내가 보기에는, 반응이 조금 다른 것 같다. 마술이 끝나면 어린이들은 이번에는 자신도 시켜 달라고 서로 아우성이다. 교사의 뒤통수에 눈이 달렸다고 하기도 하고, 방향이 맞지도 않는데도 거울로 본 것 같다는 둥, 관객과 미리 말을 맞추진 않는지 의심의 질문들이 마구 쏟아진다. 하지만 카드를 매의 눈으로 관찰해 보아도 앞면에는 숫자뿐이고 뒷면에는 아무것도 없다.

 반면에 성인들은 "어떻게 알았죠?"하고 아주 짧은 질문부터 먼저 한다. 역시 어린이들이 마술을 더 즐길 줄 아는 것 같다. 그래서 마술을 보여 주기 전 나는 항상 이렇게 이야기한다. "마술! 하면 많은 사람들이 속임수라는 단어를 떠올리지만, 마술에는 단순히 속임수를 떠나

상대방을 기쁘게 하는 비밀이 있죠. 이 기쁨이 가득한 마술을 즐겨 주세요. 즐기는 방법은, 마술을 있는 그대로 보며 즐기면 되는 겁니다."하고 말이다.

대부분의 마술들은 성공하기 위해서 많은 사전 준비가 중요 하지만 이 마술은 특별한 준비가 필요 없다. 카드의 순서도 중요하지 않으며, 숫자 카드를 학생들에게 직접 확인시켜도 상관없기 때문에 초보자도 쉽게 활용할 수 있다. 그리고 누구나 보기 쉽게 카드를 좀 더 크게 만들어 사용해도 된다. 하지만 종이의 재질이 중요한데 나는 마쉬멜로우지를 추천한다.

배워봅시다

▲ 연출 영상

▲ 해법 영상

▲ 마술 도구 구입

6.
카드 마술

  이번 마술은 '심리 마술'이라고도 하는 멘탈매직Mental Magic을 소개하고자 한다. 교사의 지시에 따라 자연스럽게 학생이 선택한 카드를 스스로 찾도록 유도하는 마술이다. 어떻게 처음부터 상대방이 선택한 카드를 알 수 있었을까? 모두가 여러분을 새롭게 바라볼 것이다. 당신이 가지고 있는 어떤 카드를 활용해도 상관이 없다. 그것이 수업에 활용되는 그림이나, 숫자, 단어라 할지라도 각각 내용이 다른 열 장의 카드만 있으면 된다.

교사는 열 장의 카드 중 학생들이 한 장의 카드를 기억하도록 한 다음 마음껏 섞는다. 그러고선 쉽게 볼 수 있는 곳에 몇 장을 두고서는 '방'이라고 하고, 학생 모두에게 각자 원하는 방을 눈으로 선택하라고 한다. 말없이 눈으로만 선택하므로 서로가 동일하지 않을 것이다. 그리고 누가 어느 방에 들어갔는지 아무도 알 수가 없다. 그러고는 교사의 신호에 따라 한 칸씩 이동한다. 이동 후에는 교사가 몇 장의 카드를 제거한다. 이렇게 카드가 하나둘씩 사라지더니 결국 하나만 남게 된다. 그런데 어찌 된 일인 걸까? 모든 학생들이 그 카드에 시선이 모여 있는 것이 아닌가? 곧 웅성거리기 시작한다. 교사는 모두의 시선이 모인 마지막 카드 한 장을 뒤집는다. 그러자 학생들은 환호성과 함께 온몸에 전율이 흐르는 것을 느낀다. 이런 마술을 멘탈 매직이라고 한다.

멘탈 매직이란 심리를 이용한 마술로서, 사람의 마음을 읽거나 투시를 하는 등 실제로 일어날 수 없는 일들을 하게 되는 마술이다. 말 그대로 사람의 정신과 마음을 읽어 내고 조종하는 것이다. 멘탈 매직은 뭐니 뭐니 해도 연출이 중요하다. 특히 함께하는 학생이 실수를 하면 마술을 성공할 수 없기에 학생이 잘 이해할 수 있도록 멘트와 진행 방법 등에 주의할 필요가 있다. 그 노력만큼 이 마술은 모두가 신기해하고 좋아한다. 단, 학생이 너무 어리면 마술사의 진행 멘트를 이해하지 못해 못 따라오거나 지루해할 수도 있다. 그런 상황을 방지하기 위해 이 마술의 연출을 학생의 연령과 상황에 따라 초급('이거지?'버전), 중급 ('방 이동'버전)으로 나누어 보았다(해법 동영상을 참고해 주기 바란다).

앞에서 언급했듯이 꼭 일반 카드가 아니어도 된다. 교구로 활용하는 낱말 카드를 사용해도 좋다. 또는 사이즈와 뒷면이 똑같은 백지카드 열 장에 그림이나 숫자, 의미 있는 단어 등을 활동을 통해 작성한 후 이 마술에 활용하면 학생들에게 신기함과 즐거움이 배가 되지 않을까?

배워봅시다

▲ 연출 영상

▲ 해법 영상

▲ 마술 도구 구입

조동희

마술교육지도사/평생교육사

現 ㈜아티스트뱅크 대표이사

現 극단 공연마켓 단장

前 동아보건대학교 마술학과 교수

저서: 『마술교육 가이드』, 『영업하는 마술사』, 『어쩌다, 마술』(공저)

초등학교 6학년 때 나의 꿈은 개그맨이었다. 소풍이나 수학여행을 가면 오락 시간에 사회를 곧잘 보던 나는, TV에서 웃음을 주는 개그맨들을 볼 때마다 그들이 참 멋지고 좋아 보였다. 어른이 되어 개그맨이 아닌 마술사가 되었지만, 지금도 나는 멋진 마술보다는 재미있고 웃긴 마술이 더 좋다.

내 인생에 가장 큰 영향을 주신 6학년 때 담임 선생님께서는, 매일 종례 시간마다 대하소설 『토지』 같은 장편소설을 구연□演해 주셨는데, 나는 그 시간이 그렇게 재미있고 좋았다. 학창 시절을 통틀어서 그렇게 기다려지는 종례 시간을 겪어 본 적이 없다. 그 당시에는 종례 시간이 그저 재미있는 이야기를 듣는 시간일 뿐이었다. 하지만 어른이 된 지금에 와서 돌이켜 생각해 보니, 선생님께서는 그 시절 종례 시간에 우리가 매일 들을 법한 잔소리 대신, 우리들의 눈높이에 맞춰 가장 훌륭한 방법으로 우리와 소통하셨었다는 사실을 알게 되었다. 우리가 선생님의 이야기를 들으며 웃고 안타까워하고 때론 화도 내면서 선생님의 이야기에 공감했던 그 교실이야말로, 가장 훌륭한 교육이 이

루어지는 소통의 공간이 아니었나 싶다.

초등학교를 졸업하던 날, 선생님께서는 내 손을 꼭 잡고 이렇게 말씀하셨다.

"동희야, 개그맨이라는 꿈은 쉽지 않은 길이야. 하지만 열심히 노력하면 꼭 이룰 수 있어. 선생님이 어디에선가 지켜볼게."

이제 막 초등학교를 졸업하는 어린 제자의 꿈을 믿어 주신 선생님의 응원이 있었기 때문에 나는 그 힘든 시간을 버텨 낼 수 있었다. 내 인생의 담임 선생님은 초등학교를 졸업하고 30년이 지난 지금까지도 내 삶에 가장 큰 힘이요 응원이다. 아마도 공감과 소통을 통해 선생님에 대한 신뢰와 믿음이 생겨났기 때문이 아니었을까 생각한다.

그래서 이 책을 쓰게 되었다. 마술이라는 콘텐츠는, 어린아이들과 청소년들이 가장 좋아하는 장르 중 하나다. 아이들의 왕성한 호기심을 자극하고, 고정관념을 넘어 무한한 상상의 세계를 눈앞에서 펼쳐 준다. 각각의 마술에는 다양한 과학적 원리가 숨어 있으며, 마술사의 연기를 비롯해 마술을 마술답게 만드는 수많은 장치가 필요하다. 단순한 속임수로 치부해 버리기엔, 너무나 많은 연습과 노력이 담겨 있는 것 또한 사실이다.

이 책은 선생님들을 위한 책이다. 이 책을 통해 배운 마술들을 활용해서, 아이들에게 즐겁고 재미있는 종례 시간을 만들어 줄 수도 있고, 혹은 수업에 앞서 주의 집중을 위해 마술을 활용할 수도 있다. 또는 교우 관계가 원만하지 않은 아이나, 자신감이 부족한 아이들에게 마술을 통해 친구들과 소통하는 방법을 가르쳐 줄 수도 있다. 그래서 이 책을 보는 선생님들께 꼭 하나 부탁하고 싶은 것이 있다. 일방적으로 보여 주는 것보다, 마술을 진행하는 과정에서 아이들이 참여하고 소통하는 것이 더 중요하다는 것을 꼭 기억해 주시길 바란다. 선생님들을 진심으로 응원한다.

1.
주사위 알아맞히기 마술(미스테리 다이스)

이 마술은 아이들이 고른 주사위 숫자를 교사가 알아맞히는 마술
이다. 아주 간단한 트릭을 이용해 누구나 쉽고 재미있게 할 수 있다.
도구의 휴대가 용이하고, 언제 어디에서나 즉석에서 보여 줄 수 있으
며, 교실 전체의 아이들을 대상으로도 재미있게 보여 줄 수 있다. 교사
들에게 활용도가 높은 마술이라 할 수 있다. 무엇보다도 교사가 마술
을 진행하는 과정에서 아이들의 직접적인 참여와 소통이 이루어진다

는 점이 가장 큰 장점이다.

교사는 원통의 뚜껑을 열어 주사위를 꺼내 아이들에게 보여 주고, 마술에 직접 참여할 아이 하나를 골라 보조 마술사로 도와줄 것을 부탁한다. 교사는 보조 역할을 하는 아이에게, 주사위와 작은 통을 건네주고, 주사위 숫자를 하나 골라 다른 친구들에게 보여 주고 나서 통 안에 넣고 다시 뚜껑을 잘 닫아 달라고 말한다. 그러고선 교사 자신은 뒤돌아서서 아이들이 주사위를 통 안에 넣을 때까지 잠시 기다린다. 잠시 후 교사는 뚜껑이 닫힌 통에 아무 이상이 없다는 것을 아이들에게 확인시켜 주고 나서, 더 큰 원통에 넣어 이중 잠금을 했다는 것을 다시 한번 확인시켜 준다. 이제 모든 준비는 끝났다. 교사는 아이들에게 텔레파시로 주사위 숫자를 보내 달라고 부탁하고는, 아이들의 텔레파시를 읽기 위해 집중하는 모습을 보여 준다. 그러곤 교사는 정말로 아이들의 텔레파시를 받아 원통 안에 있는 주사위 숫자를 알아맞힌다. 아이들이 마음속으로 생각하고 있는 그 숫자를 교사가 맞히는 순간, 아이들은 놀라움과 감탄의 박수를 보내 줄 것이다.

사실 이 마술은, 교실에서 어떤 아이를 보조 마술사로 선택할지가 중요하다. 평소 친구들 사이에서 리더십을 보이는 아이도 좋고, 다른 아이들에 비해 상대적으로 소외를 당하는 아이도 좋다. 리더십이 있는 아이는, 정확하게 친구들을 통제하며 보조로서의 역할을 충분히 해낼 것이고, 후자의 경우는 여러 친구들 앞에서 주목을 받고 자존감을 높이는 계기가 될 수 있다. 보조 마술사와 함께 아이들과의 상호작용을 이끌어 내려고 노력한다면, 이 마술은 매우 재미있는 소통의 소재로서 활용할 수 있다. 이제 이 마술을 배워 보자.

배워봅시다

▲ 연출 영상

▲ 해법 영상

▲ 마술 도구 구입

2.
폭탄 주사위 마술

이 마술은 투명한 통 안에 들어 있는 주사위가 한순간 여러 개의 작은 주사위로 바뀌는 마술이다. 마치 큰 주사위가 폭발해 작은 주사위로 쪼개어진 것처럼 연출을 하기 때문에 폭탄 주사위라고 부른다. 사실 이 마술의 원리는 너무나 간단해서, 예닐곱 살 정도 되는 미취학 아동이나 초등학교 저학년 아이들도 충분히 배워서 할 수 있을 만큼 쉽다. 마술의 효과가 매우 직관적이고 단순하기 때문에, 눈에 보여지는 마술적 현상은 강력하다.

　교사는 주사위 한 개가 들어가 있는 투명한 통을 손에 들고 아이들에게 보여 준다. 그러고는 통 안에 한 개의 주사위가 들어 있다는 것을 말해 준다. 그 후 주사위가 들어 있는 통에 마술 주문을 걸고 통을 위아래로 한번 흔들어 주면, 한 순간 주사위는 아이들의 눈앞에서 여러 개의 작은 주사위로 나뉘어져 버린다. 도구에 따라 약간의 차이는 있을 수 있겠으나, 일반적으로 흰색 바탕에 검정색 점이 있는 주사위가 여러 개의 하얀색 작은 주사위 혹은 다양한 색상의 작은 주사위들로 바뀌기 때문에 시각적 효과가 극대화 된다.

　이 마술은 휴대가 용이하고, 5~10초 이내로 금방 사전 준비를 할 수 있기 때문에, 언제든지 아이들의 시선이 닿지 않는 곳에서 살짝 준비를 해 바로 보여 줄 수 있다. 또한 이 마술은 일반적인 본래의 마술 외에도 다양한 방법으로 응용해서 연출이 가능하다. 작은 여러 개의 주사위 대신, 구슬이나 반지, 콩알, 단추 등의 물건으로 바꾸는 등의 마술이 가능하기 때문에, 하나의 마술로 여러 번 다른 마술을 보여 줄 수 있다는 것이 가장 큰 장점이라고 할 수 있다. 칭찬이나 격려가 필요한 아이에게, 주사위를 마술로 작은 초코 볼이나 캔디로 바꾸어 주면 어떨까? 아마도 달콤한 선물을 받은 그 아이는 하루 종일 기분이 좋을 것이고, 어쩌면 가족들에게 학교에서 있었던 일에 대해서 신나게 자랑을 할지도 모른다. 여러분은 주사위를 어떤 물건으로 바꾸어 보고 싶은가?

배워봅시다

▲ 연출 영상

▲ 해법 영상

▲ 마술 도구 구입

3.
신기한 상자 마술

　이 마술은 일반적으로 우리가 보아 왔던 마술의 여러 가지 현상 중, 무언가가 나타나거나 사라지는 신기한 현상을 가장 손쉽게 보여 줄 수 있는 마술이다. 이 마술을 성공적으로 보여 주기 위해 교사는 그저 상자를 열고 닫는 방법만 잘 알고 있으면 된다. 그러나 단지 그것만으로도 아이들의 눈앞에는 신기한 마술이 펼쳐진다.

　교사는 아이들 앞에서 이 상자를 손에 들고, 서랍을 열어 아무것도 없는 상자의 내부를 보여 준다. 서랍을 닫고, 마술 주문을 외우거나 그저 상자를 두세 번 톡톡 두드린 후 다시 상자를 열면 그 안에서 물건이 나오게 된다. 물론, 이 상자 안에서 나오는 물건은 교사가 사전에 준비한 것이다. 쿠키가 나올 수도 있고, 사탕이나 초콜릿, 혹은 지폐가 나올 수도 있다. 반대로, 물건이 사라지는 마술도 보여 줄 수 있다. 아무것도 없는 상자의 서랍 속에 물건을 넣고 서랍을 닫은 뒤 같은 방법으로 상자에 마술을 걸고 나서 다시 서랍을 열면, 아이들은 물건이 사라진 채 텅 빈 서랍만 보게 될 것이다.

나는 이 마술을 신기한 수수께끼 상자로 활용하는 선생님을 한 분알고 있다. 아무것도 없는 상자를 보여 준 뒤, 선생님이 내는 문제를 아이들이 맞힐 때 마다 상자를 열어 문제를 맞힌 아이에게 초콜릿을 하나씩 건네준다. 선생님이 상자를 꺼내 들고 나서, 미리 준비한 초콜릿이 모두 사라질 때까지 아이들은 선생님의 수수께끼를 풀기 위해 엄청난 집중력을 발휘한다고 한다. 이렇게 연출을 하기 위해서는 아이들과의 눈높이와 각도에 대해 세심한 주의를 해야 하지만, 아주 훌륭한 연출 방법이라고 생각한다. 이제 이 마술을 함께 배워 보고, 어떤 물건을 나타나게 할 것인지 생각해 보자.

배워봅시다

▲ 연출 영상

▲ 해법 영상

▲ 마술 도구 구입

4.
세워지는 줄 마술

　이 마술은 교실에서 혹은 강당에서 다수의 아이들을 대상으로 보여 줄 수 있는 무대 마술이다. 방과후학교 수업을 비롯해서 취미로 마술을 배우는 아이들이 학예회 발표에서 가장 해 보고 싶어 하는 마술 중 하나이며, 생일 파티나 다과회, 가족 모임 등의 자리에서 장기 자랑으로 보여 주기에 손색이 없는 멋진 마술이다. 일반적으로 무대 마술은 공연을 위해 사전에 준비(세팅)를 해야 하는 경우가 많은 데 비해,

이 마술은 특별한 사전 준비 없이 즉석에서 꺼내 보여 줄 수 있다는 장점이 있다.

교사는 동그랗게 말려 있는 로프를 들고 교단 혹은 무대 중앙에 선다. 로프를 펴서 양손으로 잡고 가볍게 입김을 불어 주는 식의 마술을 걸어 주고 나서, 천천히 한쪽 손의 손가락을 하나씩 편다. 그러면 손을 완전히 떼었을 때, 로프는 마치 최면에 걸린 것처럼 막대기처럼 굳어져 있다. 하지만 다시 교사의 신호에 따라 마술이 풀리게 되면 여느 로프와 같이 힘없이 고개를 떨구고 만다. 이 마술은 잔잔한 음악, 혹은 긴장감을 주는 음악을 배경으로 해서 보여 주면 더욱 좋은데, 이런 연출상의 장치들이 마술을 보는 아이들로 하여금 더 긴장감을 주고 교사의 마술에 몰입시켜 주는 효과를 얻는 데 큰 도움이 된다.

아직은 이렇다 할 재능이나 장기를 발견하지 못한 아이들에게는, 학예회나 장기 자랑 같은 자리가 너무나 곤혹스럽다. 반면에, 친구들 앞에서 뭔가 나름대로 열심히 연습한 것을 멋지게 보여 주고 박수를 받는 아이들은 그 자체로 성취감과 자존감이 상승한다. 혹시 소극적인 성격 탓에 아직 친구들 사이에서 인기가 없거나, 자존감이 결여된 아이들이 있다면, 이런 마술을 가르쳐 줘 보라고 제안하고 싶다. 비록 1분도 채 안 되는 짧은 마술이지만, 그 순간만큼은 주인공으로서 친구들의 이목과 관심을 한몸에 받는 소중한 경험을 하게 될 것이다. 무대 위에서 수많은 아이들의 박수를 받을 준비가 되었다면, 이제 이 놀라운 무대 마술을 배워 보자.

▲ 연출 영상

▲ 해법 영상

▲ 마술 도구 구입

5.
스카치 앤 소다 마술

이 마술은, 내가 알고 있는 동전 마술 중 가장 완벽한 마술이다. 휴대가 용이하고, 아이들에게 정말 신기한 동전 마술을 보여 줄 수 있다. 약간의 준비가 필요하지만 조금만 연습하면 2~3초 정도의 짧은 시간 안에 충분히 준비할 수 있기 때문에 언제 어디에서나 즉석에서 보여 줄 수 있다. 초보자도 쉽게 할 수 있고, 다양한 방법으로 응용할 수 있어서 활용도가 매우 높다. 도구의 제조사와 가격에 따라 조금 차이가 날 수는 있지만, 트릭이 잘 노출되지 않는다는 점이 가장 큰 장점이다. 몇 번을 반복해서 보여 줘도 들키지 않는다고 감히 자신할 수 있다.

교사는 아이들에게 은화銀貨와 동화銅貨 하나씩을 보여 준다. 두 개의 동전을 손바닥 위에 올려놓고 주먹을 쥔다. 주먹을 쥔 손에 마술을 걸고 손을 펴면 두 개의 동전 중 하나가 사라지고 하나의 동전만 남게 된다. 그 후 사라진 동전은 교사의 주머니에서 나오게 된다. 이 마술에 익숙해지면 다양한 방법으로 연출할 수 있는데, 두 개의 동전을 쥔 교사의 주먹 안에서 사라진 동전이 교사의 몸이 아닌 다른 여러 장소로 순간이동 한 것처럼 보여 줄 수도 있다. 화분 아래, 책 아래, 커피잔 아래 등 어디든 가능하다. 이 마술의 백미는, 아이들의 손바닥 위에 동전을 올려놓고 주먹을 쥐게 한 다음에, 교사인 내가 동전을 순간이동 시켜 역시 다른 곳에서 나오게 하는 데 있다. 이 마술은 정말 환상적이다.

이제 막 마술을 배우기 시작한 평범한 대학생이었던 내가 결국 마술사의 길을 걷게 된 계기가 바로 이 마술이다. 이 마술을 배워서 보여 주는 동안, 단 한 번도 상대에게 마술의 비밀을 들켜 본 적이 없었고, 그 당시 내가 할 줄 아는 마술 중에 가장 신기한 마술이었고, 사람들이 가장 재미있어하는 마술이었다. 이 마술을 본 대부분의 사람들은 한 번만 더 보여 달라고 외치곤 했다. 원래 마술은 같은 자리에서 두 번 세 번 반복하지 않는 것이 원칙인데, 이 마술만큼은 여러 번 보여 쥐도 될 만큼 완벽하게 신기하고 재미있었다. 특히, 아이들의 손에 쥐여 준 동전이 사라지고 내 주머니에서 나타나는 연출을 보여 준다면, 아마도 교실의 모든 아이들이 자신의 손에서 해 달라고 조르게 될 것이다. 이 마술을 빨리 배워 보고 싶지 않은가?

배워봅시다

▲ 연출 영상

▲ 해법 영상

▲ 마술 도구 구입

우리
선생님은
마법사

조신이

교육마술지도사·동화구연가

마술동화구연 강사, 독서심리지도사

부산색동어머니회 회원

사남초, 낙동초, 사직초, 낙민초 등 이야기마술 강의 다수

수줍음이 많은 아이가 있습니다.

발표를 잘하는 아이들을 보면 부럽다는 생각을 합니다.

아이 차례가 되어 발표를 하려고 하면

왜 이리도 입이 떨어지지 않는지

우물쭈물하며 속상해 합니다.

말수가 적은 아이가 있습니다.

별일 아닌 이야기도 재미있게 말을 하는 친구를 보며

부럽다고 생각을 합니다.

아이가 이야기를 하면 친구들은 진지한 표정으로 고개를 끄덕입니다.

자신감이 부족한 아이가 있습니다.

"저 이거 하고 싶어요,

저도 할 수 있어요."

그렇게 말하는 친구들을 보면 고개를 갸웃거리며 중얼거립니다.

"쟤들은 잘하는 게 많아서 좋겠다."

아이는 자라 어른이 되었습니다.

어른이 된 아이는 이제
지금의 아이들에게 이야기를 들려줍니다.
아이들은 이야기 속으로 흠뻑 빠져듭니다.

어른이 된 아이는
이야기를 더 재미있게 들려주기 위해 생각합니다.
여러 가지를 배웁니다.

어른이 된 아이는 이야기합니다.
"잘했어.
잘하고 있어.
잘할 거야."

너도 그래.

"한 아이를 키우려면 온 마을이 필요하다."라는 말이 있습니다.

아이가 자라면서 받은 사랑과 배려와 도움의 손길이, 어른이 되어 또 다른 아이들에게 건네는 선한 손길이 되었으면 합니다.

아이들에게 선한 손길이 되고자 하는 여러분에게 이 책이 조금이라도 도움이 되었으면 합니다.

1.
구슬 들어가는 함 마술

이 책을 읽은 여러분에게, 최근 누군가에게 선물을 받아 보신 적이 있는지 묻고 싶다.

우리는 살아가면서 생일, 기념일 등에 종종 선물을 주기도 하고 받기도 한다. 선물 상자를 받았을 때 무엇이 들어 있을까 상상하며 흔들어 보는 즐거운 설렘은 기분 좋은 감정이다.

만약 선물이 투명 상자에 담겨져 있다면 상상의 즐거움 대신 기분 좋은 환호성이 먼저 나오게 될 것이다. 상자는 뚜껑을 열어 물건을 넣고 다시 뚜껑을 닫는 것이 당연한 순서다.

하지만 뚜껑을 열지 않고 물건을 집어넣을 수 있다면? 그것도 투명 상자에!

이 마술은 당연한 상식을 완전히 뒤집어 버린다. 작은 투명 상자를 두 개의 고무줄로 감싼 다음, 구슬을 투명 상자에 넣는 미션을 아이들에게 준다.

상자를 깨지 않는다는 전제하에 어떠한 방법도 가능하다. 상자를 받게 되면 먼저 이상 유무를 확인하기 위해 여섯 면을 두드려 보고 밀어 보다가, 이상이 없는 것을 확인하면 아이들은 고민에 빠지게 될 것이다.

여러분이라면 어떤 방법으로 도전해 보겠는가?

내가 여러분에게 힌트를 준다면, 다름 아닌, '이것은 투명 상자다.'라는 것이다.

혹시 감 잡으셨는지? 아직 모르겠다면, 다음 페이지에서 영상을 통해 배워 보자.

이 마술의 장점은 마술이 끝난 뒤 관객이 직접 확인이 가능하다는 점이다. 이 때문에 신기함은 배가 될 것이다.

▲ 연출 영상

▲ 해법 영상

▲ 마술 도구 구입

2.
마음을 보는 망원경 마술

사람은 하루에도 여러 번 다양한 감정을 느낀다.

기쁨, 화남, 슬픔, 미안함, 짜증, 분노, 행복….

우리가 일상적으로 표현하는 감정의 단어 수는 손가락으로 꼽을 정도이지만, 심리상담 등에서 사용되는 감정 카드를 보면 자랑스러운, 감사한, 기대되는, 혼란스러운, 실망스러운, 막막한, 설레는 등의 다양한 감정이 있다. 이렇게 사람의 감정이나 기분을 표현하는 단어는 꽤나 다양하다.

자신의 마음과 감정을 다양하게 표현할 수 있다면 자기 조절 능력이 높아지고, 상대방의 마음을 헤아릴 수 있는 공감 능력도 높아진다고 한다. 나이가 어릴수록 감정을 언어로 적절하게 표현하는 것이 어렵기 때문에 그림으로 감정을 표현하기도 한다.

이 마술은 그런 면에서 의미가 있다. 마술에 참여하는 아동은 네 개의 이모티콘 중에서 자신의 기분이나 감정에 가장 가까운 그림 카드를 골라 흰 봉투에 넣은 뒤 교사에게 건네주도록 한다. 그러면 교사는 특별한(?) 망원경으로 봉투를 열지 않고도 아이가 선택한 감정 카드를 맞히게 된다. 꼭꼭 숨겨진 카드의 그림 맞히는 교사를 보며 신기해하는 아이들의 리액션은 물론이고 교사에게 호감을 표시하기도 한다.

특히 내성적인 아동들은 수줍음이 많기에 하고 싶은 말이 있어도 참거나 적극적으로 나서는 아동들을 부러워하는 모습을 보일 때가 있다.

기억에 남는 아이가 있는데, 돌봄 수업 중 만난 초등 1학년 그 여자 아이는 굉장히 조용한 성격이었다. 목소리가 작아 맨 앞자리에서 발표를 함에도 불구하고 잘 들리지 않았다.

또한 같은 돌봄 교실에는 또래 동성 친구는 없고 장난기 많은 언니 오빠들만 있어서 수업에 가면 늘 구경만 하는듯한 모습을 보이던 아이였다.

그러던 어느 날 감정 관련 수업에 자신의 기분을 말해 보기를 하면서 이 도구를 사용했다. 다들 즐거워하며 앞다투어 자기의 기분을 맞혀 보기를 원했는데, 이 아이는 부러운 듯한 눈빛으로 주위를 보고만 있었다. 그래서 나는 그 아이를 앞으로 나오게 해서 함께 이 마술을 진행했다. 그 아이가 고른 카드는 울고 있는 그림이었다.

언제 이런 기분이 들었는지 물었더니 돌봄 교실에는 친구가 없어 속상하다는 대답을 했다. 늘 조용하게 언니 오빠들을 바라보기만 했던 아이의 속마음은 '외로움'이었다. 그렇게 돌봄 교실의 언니 오빠들은 동생의 마음을 알게 되었다.

그날 이후 수업에 갔을 때, 아이들이 서로 함께 어울려 놀며 이 어린 여자아이를 챙겨 주는 모습을 보았다. 이것만으로도 그날 수업의 의미는 전부 전달되었고, 마술은 제 역할을 충분히 해 주었다고 생각한다.

이런 의미에서 이 마술은 상담이나 사춘기 청소년과 대화를 할 때도 꽤나 유용하다.

무엇보다 좋은 건 관객에게 몇 번이고 다시 할 수 있을 뿐 아니라 직접 확인시켜 줄 수 있다는 점이다. 이것이 가능한 이유는 바로 이 마술이 빛을 이용한 과학 마술이기 때문이다.

여러분은 이 특별한 망원경으로 누구의 마음을 알고 싶은가?

▲ 연출 영상

▲ 해법 영상

▲ 마술 도구 구입

3.

미라 마술

'향기 나는 미라.'

이 글을 읽어 보면 내가 알고 있는 미라가 맞나? 이집트의 피라미드 안에서 종종 발견된다던 그 미라? 그렇다. 여러분이 알고 있는 그 미라가 맞다.

미라는 공포 영화나 어드벤처 영화 등에서 자주 등장하는 조금은 무섭기도 한 캐릭터다. 그 생김새 때문에 고약한 악취까지 풍길 것 같은데, 그런 미라에서 향기가 난다면? 만약 미라에서 향기가 난다면 여러분은 어떤 향이 날 것 같은지 한번 묻고 싶다.

어쩌면 생소하고 당황스러운 질문일 수도 있겠으나, 이런 소재를 이용한 마술을 소개하려 한다. 미라와 향기.

이처럼 전혀 어울리지 않을 것 같은 두 단어로 재미난 마술을 해 보려고 한다.

손가락 정도의 길이에 각기 다른 색을 가진 앙증맞은 세 개의 미라에서는 향기가 난다. 물론 이 향기는 마술사만 맡을 수 있는 신비한 향기다.

상자 속에 숨겨 놓은 미라를 뚜껑을 열지 않고도 마술사는 냄새로 알아맞힐 수 있다.

하지만 안타깝게도, 아이들은 향기는 고사하고 아무리 맡아도 냄새가 나지 않는데 어떻게 냄새로 상자 속의 미라 색깔을 맞히는지 이해할 수 없다는 표정을 짓게 된다.

급기야 마술사가 맡은 향기가 난다고 이야기하는 아이들도 있다.

여기까지만 보자면 마술사가 특별한 재능을 가진 것 같지만, 사실이 마술은 과학 마술이어서 집중해서 살펴보면 트릭을 알아낼 수도 있다.

이 도구는 마술사 혼자 하는 것이 아니라 아이들이 도우미로 함께 참여해야 연출이 가능하다. 소심하거나 발표하는 것을 어려워하는 아동과 함께 자연스럽게 무대에 서 보는 경험과 또래 아이들과의 긍정적인 상호작용을 통해 행복감과 자존감이 향상이 되는 기회를 자연스레 제공해 주기도 한다.

내가 느끼는 마술의 매력 중 하나가 바로 트릭을 찾아보는 과정을 통해 마음껏 상상해 보는 시간이다. 창의적인 다양한 방법들을 생각해서 친구들과 서로 의견을 공유하며 트릭을 찾아가는 과정이 마술의 매력이다.

나는 구청에서 주관하는 평생학습 마술 동아리 체험 부스를 여러 차례 진행한 경험이 있는데, 보통 이런 행사에는 가족 단위로 체험을 오기도 하고 학교나 동아리 등에서 단체로 오기도 한다.

체험 부스를 진행할 때 서너 개의 마술을 선정해서 체험을 진행하는데, 이 마술은 매번 단골로 선정할 만큼 효과와 반응 면에서 뛰어난 마술이다. 한번은 가족 단위 체험을 할 때 엄마와 초등 고학년인 아들과 동생인 딸이 마술 체험 부스에 찾아왔다.

세 가지의 마술 중, 이 미라를 선택해 필자와 함께 체험을 진행했는데 모두들 무척이나 재미있어했다. 특히 아들이 엄마에게 즉석 시연을 하며 즐거워하자, 엄마가 나에게 이런 마술을 배울 수 있는 방법이 있는지 따로 물어보기까지 했을 정도다.

혹 이 마술을 배우게 된다면 자연스럽게 미라의 향기를 맡고 있는 여러분 자신을 보게 되리라 생각한다. 향기가 맡아진다면 여러분은 벌써 훌륭한 마술사가 된 셈이다.

배워봅시다

▲ 연출 영상

▲ 해법 영상

▲ 마술 도구 구입

4.
링킹 삼색 로프 마술

마술의 형태를 놓고 구분해 볼 때, 마술사가 무대에서 마술을 진행하는 스테이지 매직stage magic, 관객의 바로 눈앞에서 작은 소품들을 이용해 진행하는 클로즈업 매직close-up magic, 그리고 관객이 공연에 참여해 함께 소통하며 진행되는 팔러 매직parlor magic으로 나눌 수 있겠다.

마술은 화려하고 신기한 것을 보여 주는 것만으로도 아이들에게 즐거움을 줄 수 있지만, 아이들이 직접 참여하거나 마술에 이야기를 더

할 때 재미와 감동이 더해진다고 생각한다.

마술을 보면 너무 신기한 나머지 마술의 비밀을 알고 싶어 할 뿐 아니라 마술에 사용된 도구를 직접 만져 보고 싶어 하기도 한다. 이번에 소개할 로프 마술은 아이들이 직접 참여해 함께 진행할 수 있을 뿐 아니라, 이야기를 만들기에도 적합한 마술이다.

내가 공연 시 아이들과 함께 하는 마술로 자주 사용하기도 하고 마술 동화로도 사용하는 마술이다.

관객이 직접 로프를 묶고 마술사와 함께 당겨서 풀어지지 않음을 확인한 후, 세 개의 로프를 아이가 손으로 잡고 있는 상태에서, 마술사가 신호를 주면 매듭을 풀지 않았음에도 로프들이 서로 연결이 된다.

아이가 스스로 이상이 없음을 확인했기에, 신기함은 배로 커지게 된다.

마술사가 참여한 아이에게 어떻게 해서 이런 마술을 하게 되었는지 능청스럽게 물어보면 아이는 어리둥절한 표정을 지으면서도 자신이 마술사가 된 것처럼 즐거운 표정을 짓게 된다.

소심한 사람들 같은 경우는 마술을 배우는 과정에서 자신을 표현함으로써 자신감이 향상되는 효과를 볼 수 있다. 로프 마술은 다양하게 사용할 수 있고 휴대가 간편하니, 이번 기회에 꼭 배워 보시길 추천한다.

▲ 연출 영상

▲ 해법 영상

▲ 마술 도구 구입

5.
실크 투 응가 마술

무조건 아이들을 웃게 할 수 있는 마법의 단어가 있다면 무엇이라고
생각하는가?

나는 이 질문에 단연코 바로 '똥!', '응가!'라고 답할 수 있다. 삐져 있
거나 괜시리 심술이 난 아이도 '똥'이라는 말만 들어도 깔깔대며 웃게
만드니 마법의 단어가 아닐 수 없다.

똥은 누구나 누는 것이며 자신의 건강을 체크해 볼 수 있는 척도이기도 하지만, 어른들은 눈살을 찌푸리고 공공장소에서 이야기하는 것을 불편하게 여기기도 한다. 그러나 아이들은 똥과 방귀 얘기만 나오면 자지러지게 웃으며 좋아한다. 심지어 아이들은 더럽다고 느끼면서도 이야기를 듣고 싶어 하고, 눈살을 찌푸리며 고개를 돌리면서도 흥미 있어한다. 도대체 왜그럴까?

아이들은 이야기를 듣는 것에서만 그치는 것이 아니라 점토, 클레이 등으로 만들기도 하고 물감 놀이 등 생활 속 어디서든 똥과 비슷한 색이 있으면 똥 같다며 즐거워한다. 여러분이 똥 이야기에 웃음꽃이 피어났다면, 아직은 장난기 많고 순수한 어린아이의 마음이 남아 있다는 증거다.

이번에 소개할 마술은 아이들의 이러한 특성에 꼭 맞는 마술이다.

교사는 황금색의 작은 스카프를 보여 주며 이것이 무엇인지와 어디에 사용되는 건지 질문을 한다. 정답이 없는 질문이니 창의적인 상상력이 발휘되어 다양한 대답이 나오게 될 것이다.

아이들의 대답을 충분히 듣고 나서, 이 스카프는 무슨 색인지 질문을 해 본다.

답이 정해져 있는 듯한 단순해 보이는 질문이지만 계속해서 아이들에게 물어보면 처음에는 노란색, 짙은 노란색, 황금색, 태양색, 달색, 황토색 등등 다양한 표현들로 색상을 말한다.

더 이상의 대답이 없다면 마술사의 한마디와 함께 순간적으로 스카프는 주먹 속으로 사라지고, 아이들의 휘둥그레지는 눈앞에 보이는 건 바로 교사의 손 위의 똥, 바로 응가!

어쩌면 잠깐의 정적이 흐른 후, 호기심 충만한 아이들은 자기도 모르게 앞으로 나올 수도 있다. 그리고 교사의 호들갑스러운 동작에 잠시 멈칫하다가도 손을 뻗어 진짜인지 확인해 보고 싶어 할지도 모른다.

이 마술은 아이들은 물론이고 어른들도 좋아한다. 공공연히 언급되는 것을 금기시하는 대상을 손 위에 올려놓고 만져 보는 특별한 경험, 이것은 금기 사항을 깨어 보는 일탈의 묘미를 느끼게 해 줄 것이다. 여러분도 궁금한가?

배워봅시다

▲ 연출 영상

▲ 해법 영상

▲ 마술 도구 구입

6.
엉터리 시험지 마술

여러분에게 '시험'이란 어떤 추억이나 생각을 떠올리게 하는지 묻고 싶다. 전 과목 100점의 추억이 떠올라서 미소 짓는 독자가 있으신 지…?

우수한 성적에 기분 좋은 추억을 가진 독자도 있을 테고, 시험만 치고 나면 왠지 부모님께 죄송해 효도하고 싶은 마음이 들었던 웃지 못할 추억을 가지신 독자도 있으리라 생각한다.

또한, 월별 혹은 분기별로 중간·기말고사가 있어 시험에 대한 부담을 경험해 보았거나 좋은 점수를 받기 위해 밤늦도록 공부를 해 본 경험을 가지고 있는 독자도 있을 것 같다.

현재 교육과정 기준으로 중학교 1학년까지는 중간·기말고사 등의 부담스런 평가 과정이 없음에도 불구하고 아이들이 학교에 가기 싫은 이유 중 하나가 시험 때문이라고 한다. 아마 단원이 끝나고 치는 단원평가가 한몫하는 것 아닐까 싶다.

학습의 이해도를 알아보기 위한 시험이 점수라는 회초리로 아이들의 자존감을 다치게 한다는 것은 너무나 안타까운 일이다. 그런데 만약 여기 누구나 100점을 받을 수 있는 시험지가 있다면 어떨까?

저학년 아이들 중에는 또래보다 학습에 대한 이해도가 늦는 경우가 간혹 있다.

수업에 소극적이거나 딴짓을 하기도 하고 질문을 두려워하는 아동들이 간혹 있는데, 내가 만난 1학년 어떤 남학생은 3월 입학 후 2, 3개월이 지나도록 친구들과 선뜻 어울리지 못했다. 질문을 하면 대답도 잘 하지 않고 친구들이 한마디라도 하면 생트집 같은 고집을 피우기도 해서 난감한 경우들이 있었다.

나는 이 학생을 위로해 주고 용기를 북돋아 주고 싶어 엉터리 시험지를 준비했다.

수업 전 도입으로 0점을 받아 속상한 친구를 위해 함께 문제를 풀어 주기로 하고, 내가 쉬우면서도 다소 엉뚱한 내용의 문제를 읽어 주었다. 그러자 그 아이는 자신감 있게 손을 번쩍 들며 답을 맞혔다.

나는 그 아이를 아낌없이 칭찬했고 친구들도 박수를 보내 주었다. 그 아이의 만족스런 눈빛과 뿌듯해 하는 모습을 보며 나도 한참이나 흐뭇했던 기억이 있다.

이렇게 아이들과 즐겁게 문제를 다 푼 뒤 접었던 0점 시험지를 다시 펼치면 100점으로 만들어 주는, 꿈만 같은 마술을 보여 줄 수 있다.

이 마술은 아이들의 마음에 공부도 즐겁게 할 수 있다는 씨앗이 되어 줄지도 모른다.

문제를 더 내 달라고 환하게 웃는 아이들의 웃음이 그 증거라고 생각한다.

이 마술의 또 다른 매력은 스스로 문제를 내어 만들 수 있다는 장점도 있다는 점이다.

이 책을 읽는 여러분도 100점짜리 시험지를 받아 들기 위해 도전하시라. 출발!

▲ 연출 영상

▲ 해법 영상

▲ 마술 도구 구입

7.
사라지는 별 마술

하늘의 모든 별은 어느 누군가에게는 태양과 같은 존재다

Every star may be a sun to someone.

―칼 세이건Carl Sagan

태양이 없다면 우리는 살아갈 수 없을 것이다. 그렇다면 작은 별 하나가 사라진다면 어떨까? 물론 아무런 불편함도 느끼지 않는 사람도 있을 수 있다.

그러나, 캄캄한 밤하늘에 떠 있는 작은 별이 누군가에게는 희망이 되기도 하고, 누군가에게는 길이 되기도 하고, 누군가에게는 한 편의 그림 또는 글이 되기도 한다.

이렇듯 작은 별 하나도 누군가에게 태양과 같은 존재가 된다.

나는 아이들을 위한 동화 구연 수업을 준비하면서 주제와 연관성 있는 도입에 많은 시간을 할애하는 편이다. 노래나 만들기에 특별한 재능이 없는 나의 입장에서 마술은 밤하늘의 작은 별과 같다.

만질 수 없고, 가질 수 없기에 더욱 신비롭게 느껴지는 별을, 마술로 잠시나마 내 손안에 품어 볼 수 있는 마술을 소개하려고 한다.

교사가 별 모양의 스펀지를 플라스틱 관에 넣고, 종이로 감싸서 아이의 손에 쥐여 주며 꼭 지켜 달라는 부탁을 한다. 아이는 별을 감싼 종이를 손에 꽉 쥐고 있지만, 잠시 후 손을 펴 확인을 해 보면 어느새 별은 사라지고 없다. 이렇게 별이 사라지는 마술이 될 수도 있고, 혹은 사라진 별을 찾으며, 별은 어디에서 찾을 수 있을지 아이들과 주제에 따라 이야기를 나눌 수도 있다.

환경을 주제로 한 빛 공해 이야기, 진로를 주제로 별처럼 빛나고 싶은 분야 찾기, 빛나는 나의 성품, 습관, 장점 등을 찾아가는 인성, 심리 등 다양한 분야에서 접목 가능한 효용성이 뛰어난 마술이다.

여러분에게 작은 별은 무엇인가? 여러분의 선한 손길이 누군가에게는 작은 별이 될 수 있다고 생각한다.

배워봅시다

▲ 연출 영상

▲ 해법 영상

▲ 마술 도구 구입

부록

부록 1

마술을 보여 주면서 꼭 기억해야 할 것들

1. 같은 마술을, 같은 자리에서 연속으로 두 번 보여 주지 않는다. 처음 교사의 마술을 볼 때는 마냥 신기해하지만, 두 번째 마술을 볼 때는 아이들이 마술의 비밀을 찾아내기 위해 교사의 손과 눈을 매의 눈으로 보게 될 것이고, 어쩌면 마술의 비밀을 알아낼지도 모른다.

2. 마술의 결과를 미리 말해 주지 않는다. 마술의 결과를 미리 알고 마술을 보게 되면, 마술의 비밀을 찾는 것에 집중하게 되기 때문이다. 또한 신기함 속에 느끼는 재미도 반감되기 마련이다. "여기에서 사탕이 나올 거야."라는 말보다는, "어떤 일이 일어날지 상상하면서 잘 지켜봐."라고 해 주는 것이 좋다.

3. 마술을 보여 주고 나서, 마술 도구를 아이들에게 건네주지 않는
   다. 마술 도구를 만지는 과정에 어쩌면 아이들이 마술의 비밀을
   알아내게 될지도 모르기 때문이다. 마술 도구를 소중히 다뤄 주기
   바란다.

4. 충분한 연습을 하고, 완벽하게 할 수 있다는 자신감이 생길 때 아
   이들 앞에서 마술을 보여 주기 바란다. 어설픈 동작과 시선은 아
   이들의 동심을 깰 수 있다.

5. 마술을 진행하면서, 가능한 아이들과 소통하려고 노력해야 한다.
   교사가 혼자 보여 주는 마술보다는, 마술을 진행하는 과정 속에서
   아이들이 참여할 수 있도록 유도하는 것이 훨씬 좋은 결과를 만들
   어 낸다.

부록 2

1. 마술교육 프로그램

1) 교사 연수 특강

2) 마술교육 지도자 양성 과정 (자격증 취득 과정)

3) 마술교육 지도자 보수 교육

4) 유아 교육 관련 학과 특강 및 자격증 취득 과정

5) 청소년 교육 관련 학과 특강 및 자격증 취득 과정

2. 힐링 캠프 프로그램

1) 1일 캠프 프로그램

2) 1박 2일 캠프 프로그램

3. 북 콘서트 프로그램

1) 저자와 함께 하는 북 콘서트

2) 북콘서트 + 마술교육 체험 프로그램

3) 오프라인 & 온라인 진행(ZOOM)

4. 축제 체험 프로그램

1) 마술 체험 부스 운영

2) 평생학습 축제 운영

기타 지원: 우리선생님은마법사.kr 🔍

- 마술교육 프로그램 진행 및 강사 요청
- 동영상 재생 문제 발생 시 문의
- 마술 도구 구입 링크 문제 발생 시 문의

저자 약력

김복영

교육마술지도사/마술동화구연지도사

現 극단 소나기 대표

現 동행재가복지센터 센터장

前 한국교육마술아카데미 교육마술 강사

前 안성시/이천시 교육지원청 방과후 강사

KBS2 〈아침이 좋다〉 '별주부전'출연

김희주

교육마술지도사

학교폭력상담사/학교폭력예방전문강사

대구가톨릭대학교 사회복지대학원 상담학 석사

現 ㈔한국청소년체험세상 전임강사

現 대구광역시 종합복지회관 심리상담센터 상담원 활동

前 대구광역시교육청 학생상담 자원봉사자 활동

박치홍

한국교육마술지도자

現 이벤트하우스 대표

現 스마일마술도구제작연구소 대표

現 청춘마술연합회 부산지회장

前 부산강서복지관 마술 강사

심혜정

교육미술지도사/동화구연지도사/어린이책 독서지도사

극단 예다움 대표

前 한국방과후교사아카데미 동화구연지도사과정 강사

MBC 〈뉴스매거진〉 '돈이 되는 취미'출연

이미자

미술 강사

現 경상북도교육청문화원 위촉 미술 강사

前 김천시평생교육원 미술 강의

前 포항유아교육체험센타 미술 강의

조동희

마술교육지도사/평생교육사

現 ㈜아티스트뱅크 대표이사

現 극단 공연마켓 단장

前 동아보건대학교 마술학과 교수

저서:『마술교육 가이드』,『영업하는 마술사』,『어쩌다, 마술』(공저)

조신이

교육마술지도사·동화구연가

마술동화구연 강사, 독서심리지도사

부산색동어머니회 회원

사남초, 낙동초, 사직초, 낙민초 등 이야기마술 강의 다수

영상 촬영 및 편집   신석근

사진 촬영   윤지원

아역 특별출연   함서연